【三訂版】

学校カウンセリング

新しい学校教育にむけて

長尾 博 著 Nagao Hiroshi

School Counseling

ナカニシヤ出版

序

　文部省は，平成元年，教職免許カリキュラムの改正を行い，今まで以上に「生徒指導」や「教育相談」の理論や実践の重視を打ち出した。その原因の一つとして，今日の生徒の多様化，複雑化した心の問題に対して，現場の教師が，どのように対応していくかに迫られていることがあげられる。

　この点をふまえて，本書は，これから生徒たちの心の友となる教師をめざす学生諸君の「学校カウンセリング」についてのテキストとして執筆したものである。

　本書は，3つの章で構成されており，第1章では，学校現場で教師が果たすカウンセラー的役割からカウンセリングの具体的進め方までが，第2章では，青年が大人になっていくまでの心の発達論が，第3章では，学校現場で生じやすいさまざまな問題の特徴とその具体的な対応が述べられている。

　また，本書の特色として，(1) 理論的にも実践的にも「学校カウンセリング」については，まだ図説できるほどには体系化されてはいないが，「視覚情報化時代」といわれる昨今の状況をふまえて，できるだけ多くの表や図を例示した，(2) 難しい理論や用語はできるだけ省略して，学校現場での教育実践に役立つようにわかりやすい語彙を用いた，(3) 青年期の心の発達に即応した「学校カウンセリング」の進め方を述べた，などがあげられる。

　今日まで，「教育相談」，あるいは「学校カウンセリング」に関する出版物は多く発行されているが，そのほとんどが現場の教師や教育学研究者，あるいは臨床家によって執筆されたものである。しかし，本書のように精神科や心療内科などの病院臨床現場や大学に附属する心理教育相談室や公立の児童相談所などの教育臨床現場で研修を受けてきた者が，数多くの中学校や高校において，「学校カウンセリング」を行ってきた経験をまとめたものは少ないように思わ

れる。

　その意味から，本書が，教師をめざす学生諸君だけにかぎらず，学校現場の教師の方々，あるいは臨床現場の臨床家の方々にも少しでもお役に立てれば幸いに思っている。

　本書の刊行にあたり，貴重な助言や助力をいただいたナカニシヤ出版の社長中西健夫氏，および宍倉由高氏と永易優子氏に心からお礼を申し上げたい。

　また，本書の刊行に多くの面から御支援いただいた活水学院院長の井上良彦先生，学長の山本昻先生，および諸先生方に心から感謝を申し上げます。

平成3年3月
長 尾 　 博

改訂にあたって

　30年前，筆者が大学院生の頃である。福岡県の某中学と高校へ行き，毎週土曜日に今でいうスクールカウンセリングを行っていた。当時は，臨床家が学校を訪れてカウンセリングをするといった行為に対して批判が多く，臨床家は，自分の所属するカウンセリングルームで治療を行うべきであるという声を聞かされた。しかし，現代では，当時とは異なり，いじめ，不登校，残酷な非行などの問題行動も増えて，臨床心理士による「スクールカウンセラー」委託事業も確立されてきた。また，平成10年より「心の教室」相談員による学校派遣の試み，さらに平成12年より新たな教職免許カリキュラムの改正が実施されることになった。

　このようにわが国の教育界は，ここ数年の間でめまぐるしい変化が生じている。本書は，このような変化の兆しが現われはじめた頃に刊行され，多くの読者から生徒の心を理解し，心の発達を促すための実践的な参考書として活用され，好評を得てきた。しかし，時の流れとともに学校現場で大きな変革が生じたため，本書の改訂に迫られた。今日の学校は，「開かれた学校」，「皆で支え合い，助け合う学校」をめざしている。また，そのような学校のなかで生徒たちは，自分なりの「個性」を確立し，本当の自分に気づいていくことを強いられている。

　しかし，実際には，このような理想像をかかげても旧態依然として日本の学校環境や組織の問題が残され，生徒たちは，交友関係上の問題を多くもっている。このような理想と現実のズレを考慮して，改訂にあたり，筆者なりにどのような学校教育や学校環境が望ましいのか，20年先の「スクールカウンセラー」のあり方や，生徒たちの心が発達し交友関係が充足するためにはどうしたらよいのかについて説いている。

本書が，これから教師をめざす学生，学校現場の教師の方々，またスクールカウンセラーおよび心の教室相談員の方々に少しでもお役に立てたら幸いに思っている。

平成11年　7月

長 尾　博

三訂にあたって

　本書は，平成3年（1991年）に刊行され，以後20年近く教職課程のための，あるいは平成8年から始められたスクールカウンセラー用のわかりやすいテキストとして活用されている。今日，「学校カウンセリング」，「スクールカウンセリング」に類する書籍は多く出版されているが，本書は，そのパイオニアとして親しまれてきた。

　学校現場において誰が生徒へカウンセリングを行うのかについては重要な課題である。わが国では，臨床心理士が2万人以上もいるといわれている。そのほとんどは，常勤ではなく非常勤のスクールカウンセラーとして学校現場で勤務している。しかし，その職務の具体的内容については統一したマニュアルは現在でもなく，ある人は，学校で講演をしたり，ある人は，治療構造（場面構成）を軽視してクライエントとボウリングやカラオケに行ったり，また，ある人は，クライエントへの守秘義務を軽視して，多くの教師とクライエントについての情報を共有してケースワーカーのようなことをしている者もいる。また，教師や親は，ひとりの不登校生徒に対してスクールカウンセラー，心の教育相談員，メンタルフレンド，NPOの相談員など多くのカウンセラーと関わればよくなるという幻想をもち，一校にさまざまなカウンセラーを配置している学校もある。心理学関係の学会において，いまだスクールカウンセリングのあり方やスクールカウンセラーのあるべき姿について具体的な話し合いは行っていない。

　一方，この国の財政難は日々，深まって，臨床心理士以外でも心のケアができるケースワーカーや認定カウンセラーも学校現場でカウンセリングができる状況に変わってきた。

　本書は，このような動向の中でさらにより良きテキストをめざして改訂を行

った。これから教職課程を歩む学生，また，スタンダードなスクールカウンセラーをめざす臨床心理士や認定カウンセラーの方々，あるいは学力低下やことばによるカウンセリングが難しい生徒たちに対応している教師方々にとって教育内容や青年心理にふれた本書が，少しでもお役にたてれば幸いである。改訂に当たり，ナカニシヤ出版の山本あかね氏には御尽力いただいた。
　感謝申し上げます。

平成22年　3月

長 尾　博

目　　次

序　　*i*
改訂にあたって　　*iii*
三訂にあたって　　*v*

第1章　学校カウンセリングの理論 ―― *1*

第Ⅰ節　社会変動に即した今後のわが国の学校教育 ……………… *1*
第Ⅱ節　生徒指導と学校カウンセリング　……………………………*5*
第Ⅲ節　各教師の学校カウンセラー的役割　…………………………*9*
　　　〔1〕　担　任　教　師　　*9*
　　　〔2〕　生徒指導教師　　*10*
　　　〔3〕　養　護　教　師　　*13*
第Ⅳ節　スクールカウンセラー制度と心の教室相談のあり方 ………*16*
第Ⅴ節　学校カウンセラーの役割　……………………………………*22*
　　　〔1〕　グループアプローチ　　*22*
　　　〔2〕　親へのカウンセリング　　*27*
　　　〔3〕　学級・学校経営のコンサルタント　　*29*
　　　〔4〕　心理テストの実施　　*34*
　　　〔5〕　治療機関の紹介と連携　　*34*
　　　〔6〕　教師へのコンサルテーション　　*36*
　　　〔7〕　障害児への特別支援教育　　*38*
第Ⅵ節　カウンセリングルームの設置　………………………………*39*
　　　〔1〕　カウンセリングルーム設置の利点　　*39*
　　　〔2〕　カウンセリングルームの設置条件と学校カウンセラーの適性　　*39*

第Ⅶ節　個人カウンセリングの進め方 ……………………………43
　〔1〕　生徒の心を理解する方法　　43
　〔2〕　カウンセリングの歴史と定義　　45
　〔3〕　カウンセリングの場面構成　　47
　〔4〕　心理療法技法の基本的要因　　48
　〔5〕　カウンセリングの方針　　50
　〔6〕　カウンセラーの態度　　52
　〔7〕　指示的カウンセリングと非指示的カウンセリング　　55
　〔8〕　カウンセリング過程で生じるさまざまな問題の対応　　57
　〔9〕　カウンセリングの終結　　65
第Ⅷ節　学校カウンセリングの問題点 ……………………………66

第2章　青年期の心の発達と危機 ─── 75

第Ⅰ節　大人になることとは ………………………………………75
第Ⅱ節　青年期の危機とは …………………………………………77
　〔1〕　青年期の自我発達上の危機状態の学校差　　78
　〔2〕　青年期の自我発達上の危機状態の学年差と性差　　78
第Ⅲ節　青年期の危機に陥るメカニズムとその要因 ……………82
　〔1〕　ライフイベントの影響　　83
　〔2〕　エディプス・エレクトラ・コンプレックスの影響　　83
　〔3〕　幼児期の親子関係のあり方の影響　　84
　〔4〕　現在の家族の関係のあり方の影響　　86
　〔5〕　交友関係のあり方の影響　　88
　〔6〕　自我の強さの程度の影響　　92
　〔7〕　青年期の自我発達上の危機状態は
　　　　どのようにして生じるのか　　97
第Ⅳ節　高校中退と進路指導 ……………………………………103
第Ⅴ節　社会化の発達の促進 ……………………………………109

第3章　青年期の心の問題の種類と対応 ——— 113

第Ⅰ節　心の問題のとらえ方 …………………………………… 113

第Ⅱ節　各問題の特徴とその対応 ……………………………… 117

〔1〕　学　業　不　振　　117

〔2〕　反 社 会 的 行 動　　118

〔3〕　非 社 会 的 行 動　　124

〔4〕　神 経 症 的 反 応　　132

〔5〕　心　　身　　症　　135

おわりに　145
用語解説　149
参考文献　161
索　　引　166
付　　録　171

第1章
学校カウンセリングの理論

第1節 社会変動に即した今後のわが国の学校教育

　今日の学校教育は，変革期を迎えている。それは，戦後60年以上が過ぎ，わが国の社会が大きく変動していることにもよる。戦前の人々は，現代ほどには「自分」という意識が乏しく，地域の人々と助け合い，支え合って「和」の文化を形成していた。しかし，戦後，次第に地域の人々どうしの親密性は薄れて，核家族中心の社会へと変化していった。だが，この核家族のなかにおいても，人々は，生産性や物の豊かさに気持ちを奪われて，古き良き日の子どもに対する関わり方や家庭教育のあり方を忘れ，親子関係のあり方に変化（とくに過保護と放任）をもたらし，家族離脱も生じてきた。この流れのなかで「学校」という場だけは，聖域であり，閉ざされたままで容易には他者が介入したり，立ち入れない状況を維持してきた。しかし，実際には，不登校やいじめ，あるいは非行などの問題生徒や学力の低下した生徒が増加し，学校は，学校のなかですべてを解決できる状況ではなくなってきた。

　このような経過のなかで文部科学省は，2つの大きな指針を打ち出してきた。その1つとして，1995年から始まった「スクールカウンセラー活用調査研究委託事業」があげられる。この事業は，臨床心理士*を各地域の各学校へ派遣して，生徒の問題行動等の解決に資する試みである。文部科学省は，この事業によって今までの「閉ざされた学校」から「開かれた学校」へと展開していく方向性を打ち出した。

　さらに文部科学省は，「生きる力」をはぐくむことを打ち出している。「生きる力」については，「いかに社会が変化しようと，自分で課題を見つけ，自ら学び，自ら考え，主体的に判断し，行動し，よりよく問題を解決する資質や能力」が重要であることを提言している。また，新学習指導要領（1998）においても

従来から提言されていた「自己教育力の育成」を重視している。

このような文部科学省の指針から，これからの学校教育は，「開かれた学校」のなかで「自分」を形成していくことをめざしていることがわかる。この「開かれた学校」とは，学校が問題等に学校のなかだけで対処しないで親や地域の人々，あるいはさまざまな専門機関や施設と助け合い，また話し合って生徒の「自分」の形成を促していくことを意味する。また，学校のなかにおいても，チームティーチング*や教師どうしの協力によって生徒の教科教授や「自分」の形成を促す教育を行うことと理解される。

ところで，ひと口に「自分」の形成といっても従来からのわが国の国民性をふまえると並大抵のことではないように思われる。その根拠として，多くの文化人類学者や社会学者が日本人論のなかで唱えているように，わが国の国民一人ひとりははたして西欧の人のような「自分」を確立してきたのか，また現在，「自分」を確立できているのかという問題に突き当たるからである。わが国において，本当に「自分」を確立して生きていくとすれば，この社会から孤立していくことにも連なる状況がある。現代の私ども大人は，はたして明確な「自分」というものを確立しているのであろうか。また，文部科学省は，生徒自身の「自己教育力」を育成し，それが生涯学習*へと連なることを唱えているが，依然としてわが国の教師の多くは，親による教育期待に答えようと努力し，生徒へ手とり足とりの教育を行っているように思える。この矛盾のなかで教師は，さらに多忙さを背負って一人ひとりの生徒を理解する個別教育に迫られている。「自分」を形成する教育を果たすには，幼児期より「自分」を意識して何事も自分で考えていく訓練や学習が必要ではなかろうか。

さらに臨床心理士*による学校でのスクールカウンセリング事業についてもふれたい。この事業は，今日まで確定した職場をもたなかった臨床心理士*にとっては好都合な事業と思われる。それは，臨床心理士の本当の実力が試される大きな転機ともなった。筆者は，長年にわたり心理臨床に携わるなかでわが国の臨床心理士*の実態をある程度熟知していることから，この事業によって臨床心理士のいう「自己実現」*という大義名分に利用され，本来，「自分」を確立していない大人や生徒がわがまま放題となり，学校が無秩序になることを恐れている。臨床心理士*も拠ってたつ理論が何であるかによって生徒を治療，教育して

いく見解は異なるが，まずは，現在の学校の状況と今の生徒の心を把握していかなければならない。また，そのなかで自分の仕事の一応の「枠」をつくらなければならない。臨床心理士は，とくに学校は生徒の「社会性」を育成していく場であることも念頭において自分の仕事をしていかなければならない。文部科学省のほうも心理臨床の半世紀を顧みて，臨床心理士に対して過剰な期待をもってはならない。そして，本当に生徒の個性を見抜き，生徒の「自分」を形成させていくためには，何よりもまず，大人の側（親や教師）が「自分」を確立し，「社会性」を養わなければならない。これを果たすには，これから相当な時間を要することは確かである。

　「自分」を形成し，確立していくためには，どうしたらよいのであろうか。そのためには，飛び散る多くの情報に振り回されることなく，生徒たちにできるだけ多くの集団の場を提供し，体ごとの体験やさまざまな人間関係を通して，その機会ごとの体験過程をことばを用いて吟味させていく必要がある。この「自分」の確立内容については，当然，生徒個人個人で異なっており，実験心理学者（発達心理学者）が，あらかじめ卓上で仮説をつくり，その研究結果で検証されたところの精神的に健康な子どもとは，あるいは正常な発達を示す子どもとは，あるいは一般の中学生とは，といった内容とは異なるものである。それは，現実の生の体験にもとづいた「自分」の確立内容である。また，ユング学派やロジャース学派（来談者中心カウンセリング学派）の臨床心理士がいうところの，「人は元来，皆健康であり，本来の自己をもっている」という命題を盲信することは現実的ではなく，また科学的でもない。むしろ，これらの学派の説く関わり方の技法を学ぶべきであろう。

　現代の青年が，さまざまな心の問題を示しているのは，今の社会や大人の側への異議申し立てとしてみることのほうが今の社会に反省をもたらしえる。筆者の長年の臨床経験と実証的研究から，現代の青年が多くの心の問題を示している背景には，乳幼児期の親子関係のあり方に根を発する「空虚感」があるのではないかととらえている。この「空虚感」は，大人の側にも見受けられる。したがって，当面は，現代人のもつこの「空虚感」をどのようにしてうめていくのかが大きな課題と思われる。「自分」のない人間を「自分」があるようにしていくためには，当面は，「自分」という「形」をつくっていく，あるいはつく

らせる必要があるように思われる。「形」は，外からつくって（教育）いくものであり，いわゆる「しつけ」が必要となる。もちろん，「形」ができれば「内容」が生じるというものでもないが，学校は社会の1つの組織であることから，また，学校は「社会性*」を育成する場であることから，まずは基本的な人間関係の技術やマナーを教えていく必要があるように思える。それを教えていくにしても，従来からの頭ごなしの説教やつめ込みではなく，生徒の気持ちをくみ，信頼関係が形成されたうえでの教えである。また，ここでいう「社会性*」とは，意味のないしきたりや決まりごとといった「借りもののくさび」ではなく，他者と自分との違いがわかるなかでの共有点の取り決めとその責任と役割意識をもつことをいう。「社会性*」という「形」を教えるにしても，まず大人の側（親，教師）が「自分」を確立していないとそれは成立しない。

激動する現代のなかで今後の学校教育の課題は多く残されているが，「開かれた学校」にしていくことと，私ども大人の側が「自分」を確立し，他者の心を理解する能力をもつことが大きな鍵と思われる。

第Ⅱ節　生徒指導と学校カウンセリング

　学校教育は，表1に示すように多岐にわたっており，そのうちの (3) の部門が広義の「生徒指導」に当たる。

　この「生徒指導」の定義を，広義と狭義に分けると表2のとおりとなる。つまり，広義の「生徒指導」は，すべての生徒を対象に身体的にも精神的にも，より健全に教育していくことを，また，狭義の「生徒指導」は，心の問題が生じないような予防と心の問題をもつ生徒への対応と教育を意味している。このことは，表3に示す文部科学省（1981）のいう「生徒指導の課題」をみても理解できる。

　「教育相談」は，生徒指導を行っていくうえでの中核となる1つの方法である。本書では，従来から「教育相談」といわれているもの，および1995年より

表1　学校教育の実践概要

(1) 学校管理と組織化
　　例：備品管理，カリキュラムの作成，学年や学級の編成
(2) 教　　授
　　例：各教科，道徳の教授，特別活動や校外活動の指導
(3) 指導と援助
　　例：生活指導，進路指導

表2　生徒指導の広義と狭義

広義の生徒指導	狭義の生徒指導	(1) 個人の生活・行動に関する指導 　　基本的生活習慣，生活態度，生き方について (2) 交友関係や対人的技能・態度の指導 (3) 集団への適応の指導 　　学校生活での集団活動について 　　家庭や地域社会での集団活動について
		(4) 学業生活の指導 　　学習の方法や教科科目の選択について (5) 進路の指導 　　自己理解，進路選択，進路計画について (6) 健康や安全に関する指導

表3　生徒指導の課題（文部科学省, 1981）

(1) 現在の学校教育や社会生活における人間関係の改善と望ましい人間関係の促進
(2) 生徒の学校生活への適応や自己実現に関する問題の解決
(3) 望ましい習慣形成
(4) 道徳教育の基盤の啓培
(5) 健全育成と保護育成の活動への協力

始まった文部科学省の「スクールカウンセラー活用調査研究委託」事業におけるスクールカウンセリングを「学校カウンセリング」という語を用いて述べていきたい。

今日まで,「学校カウンセリング」という語は,行われる場所や対象やねらいによって,(1) 教育相談室,教育相談所,教育相談センターなどのいわゆるカウンセリング・センターというべき場所でのカウンセリング,(2) 校務分掌としての教育相談担当者が行うカウンセリング,(3) 学級担任や教科担任が行うカウンセリング,(4) 臨床心理士*や認定カウンセラーによるスクールカウンセリング及び心の教育相談員やスクールケースワーカーによるカウンセリングの4通りで用いられてきている。このうち,本書で述べる「学校カウンセリング」とは,(2),(3),(4)の領域を主にしている。

また,この「学校カウンセリング」は,機能的にみると,(1)「開発的カウンセリング」(developmental counseling),つまり身体的にも精神的にも健康な生徒に対して,より健全な育成の援助をめざすものと,(2)「治療的カウンセリング」(therapeutic counseling),つまり心の問題をもつ生徒に対してその解決の援助をめざすものの2つに大別できる。

ところで,「生徒指導」とか「カウンセリング」という語を聞けば,どのよう

表4 父性イメージと母性イメージ

	父性イメージ	母性イメージ
原　　理	切断・分割 (主体と客体,善と悪, 上と下などに分割)	包み込む (絶対的平等)
原　　則	現実原則* (現実を的確に吟味し, 現実との適合を行う)	快楽原則* (欲求を解消して,快 感を求める)
教育的, 社会的役割	○母親との一体化を断つ ○謙虚さ,忍耐,自己の統制,現実感を教える ○社会人としての義務と責任の遂行を教育	○一体感の感情や愛情を与える ○愛情の力を教える
教育的特徴	巨視的・長期的	微視的・短期的
否定的側面	排除する	のみ込む

なイメージが連想されるのであろうか。わが国では，明治以来のヘルバルト教育論の影響から，「生徒指導」と聞けば，一般には，教師が粗暴な生徒や校則を犯した生徒を評価し，厳しく罰するイメージが，つまり「父性イメージ」が，また，戦後の「来談者中心カウンセリング」(client-centered counseling) 論の影響から，「カウンセリング」と聞けば，一般には，カウンセラーが悩んでいる生徒の心を理解して，悩みや不満を受け入れるイメージが，つまり「母性イメージ」が連想される。

　表4は，「父性イメージ」と「母性イメージ」の相違点をまとめたものである。「学校カウンセラー」(school counselor) は，表4に示す「父性イメージ」と「母性イメージ」の2つを兼ね備えた役割を果たさなければならない。

　学校現場では，各々の教師は，「父性原理」，「母性原理」のうちのどの原理に相当する役割を果たしているのであろうか。図1は，フロイド（1923）のパーソナリティ論と学校現場の各教師の役割との関係を示したものである。図1に示されるように，学校カウンセラーは，生徒のパーソナリティの「超自我」(superego)，「自我」(ego)，「エス」(es，イド id ともいう) の全側面を理解して関わっていかなければならない。

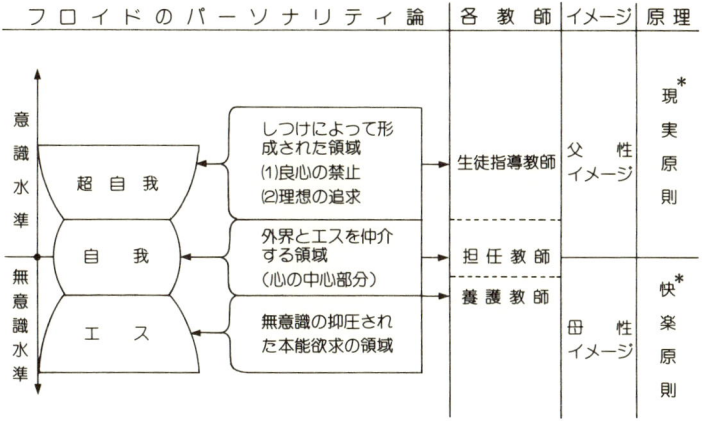

図1　フロイドのパーソナリティ論と各教師の役割との関係

教師―臨床家Q&A1

〈Q：質問（教師）〉
　学校現場において，生徒に対してカウンセリング・マインドで接することは実際には難しいと思いますが，どのような点を心がけたらいいのでしょうか。

〈A：答え（筆者）〉
　たしかに現在の学校現場で，教師カウンセリング・マインド，つまり生徒個人の気持ちを尊重し，受容的・共感的に聞いていく態度をもって生徒に関わることは難しいと思います。しかし，ベテランの教師のなかに自然とカウンセリング・マインドを身につけて生徒と関わっている者も多く見かけます。生徒一人ひとりによって気持ちも異なっていることや考え方も違うという実感を教師がもてば，カウンセリング・マインドの重要性が理解できるのではないかと思います。私としては，教師が，もう少し生徒を見守れる余裕ができればいいのにとも感じています。
注：カウンセリング・マインドについては，表45を参照

第Ⅲ節　各教師の学校カウンセラー的役割

　第Ⅰ節で述べたようにわが国の学校教育の今後のあり方は，生徒一人ひとりの心を理解した個別教育が重視される。つまり，各教師は，学校カウンセラー的役割を果たさなければならない状況となっている。そこで，表5に各教師の学校カウンセラー的役割とその利点をまとめてみた。

　以下に各教師が学校カウンセラー的役割を果たすうえで，留意すべき点をあげたい。

〔1〕担任教師

　文部科学省（1970）は，担任教師が生徒指導を進めていくうえでの役割として，表6に示す内容をあげている。表5と表6から，担任教師は，生徒ともっとも身近にしかも継続的・計画的に関わっていくことが重要であることがわかる。とくに担任教師が生徒に対して相談を行う場合，とかく「教える者」と「教わる者」とのタテの関係を形成しやすいが，むしろ教科教授とは異なったナナメの関係，つまり担任教師が生徒に対して兄的な，あるいは姉的な役割を果たすほうが生徒の心の問題の解決を援助しやすいと思われる。

表5　各教師のカウンセラー的役割と利点

役	カウンセラー的役割	利　点
担任教師	兄的・姉的役割	○身近に関われる ○継続的に指導できる ○計画的に指導できる
生徒指導教師	現実原則に即した* 父親的役割	○指導計画を立案できる ○他教師との連携ができる ○生徒の環境調整を積極的に行える
養護教師	何でも話せる 母親的役割	○心身両面から関われる ○担当教科をもたないために，深く関われる ○他教師にいえない生徒のホンネが聞ける

表6　担任教師の生徒指導的役割（文部科学省，1970）

(1) 望ましい人間関係で結びついた学級集団の育成
(2) 日常から生徒との接触を密にして生徒理解を深める
(3) 各種の集団活動へ参加し協力する態度を助長するとともに，積極的に活動する意欲を育てる
(4) 教室やその周囲の環境の整備や美化をはかる
(5) 家庭との連絡を密にして協力し合う
(6) 個人的適応*，集団生活への適応，学業生活，進路の選択，健康・安全に関することなどの指導
(7) 担任教師として処理することを総合的に考えて，生徒指導に役立てる

　このことは，片山（1969）が，青年期のカウンセリングにおいて，カウンセラーが，青年のもつ親からの独立と依存の葛藤を理解し，一時的に「同一化*」（identification）できる自我理想*の対象となる役割や発達促進的な依存対象となる役割，すなわち親とは異なった「新たな対象」（new object）となる役割を強調していることからもいえる。

〔2〕 生徒指導教師

　生徒指導教師の果たす役割は，学校規模や学校の状況によってまちまちであるが，その多くは，生徒の生活態度としての価値観，規律，目標，計画性を重視して，「べし・べからず」の父性原理に従ったものである。具体的には，(1) 服装の違反や髪形の違反についての指導，(2) 校内でうろうろしたり，授業妨害する生徒への指導，(3) 遅刻をしてきた生徒への指導，(4) 休暇期間に巡回指導を実施して，喫煙，いじめ，暴力，ゆすり，公共物破壊，たかりなどの発見と指導を行うなどがあげられる。

　また，問題生徒について，他の教師との共通理解を深めながら，他の教師と連携して生徒の問題の解決への援助を行うことも多い。

　従来からの生徒指導の方法と教育相談の方法との相違については，表7のような相違点があげられる。第Ⅰ節で述べたように社会変動による最近の生徒や親の学校に対するとらえ方の変化から，従来からの頭ごなしの指導はその効力を失っている。

　表8は，仙崎（1980）による生徒指導実践での3つの基本モデルである。最

表7 「生徒指導」的方法と「教育相談」的方法の相違

	対象生徒と方法	指導上の重点	個か集団か	対象となる問題	指導にかかる時間	指導形態
「生徒指導」の特徴	しつけ不十分な子, 人の迷惑がわからない子など, いわゆる社会的行動の未学習な生徒に現実原則にもとづく行動のあり方を教えていく	教師は, 生徒の校則違反や約束違反, 逸脱行為, 不適切な言葉づかいなどを軽視せず, それらへの指導を通して, 生徒の人格の成長をはかるべきだ, と考える	一人ひとりの生徒への取り組みばかりでなく, 生徒集団を対象とした指導を行う	緊急の問題へ迅速に対処するとくに反社会的行動	速効性がある	指導の際には, 教師側のチームワークや結束力を必要とする. また, 他校の担当者や地域社会との連携を重視する
「教育相談」の特徴	緊張や不安の強い子, 心のエネルギーが低下した子などに, 心の解放や心の充電をめざしたカウンセリング的はたらきかけを行う	子どもの表面的行動にとらわれることなく, 背景にあるその子の資質や生育歴, 家庭環境などを把握し, 問題行動の意味(「そうならざるをえなかったのはなぜか?」など)を明らかにしていく「生徒理解」を重視する	個別的なはたらきかけが中心である	とくに非社会的行動, 注意や説教といったはたらきかけよりも, 自己洞察や自己成長が生徒の内側からわき起こってくるようなはたらきかけを心がける	表面的行動の解決にとどまらず, その子の資質や生育歴などからくる個別の問題に取り組もうとするため, 時間がかかることが多い	生徒(親)と相談担当者の2者関係ですすめることが多い

近では，表8のIIIの発達を考慮した生徒指導基本モデル，つまりIIの教育相談的方法をもとり入れた基本モデルが奨励されている。したがって，最近では，カウンセリングについての講演を聞いたり，カウンセリングのロールプレイを行ったりして，問題生徒に対してカウンセリング的アプローチを試みる生徒指

表 8　生徒指導実践の基本モデル（仙﨑，1980）

モデル 観　点	I　管理(しつけ・規律)	II　矯正(治療)	III　発達(開発)
人間をどうみるか (Allport, G. W.)	操作的存在	深層的存在	発達過程にある存在
何のために	規　範 (きびしさ)	洞　察* (やさしさ)	パーソナリティの統合 (きとやのバランス)
何をめざして	集団秩序集団規範	悩み・問題解決	発達課題達成
何を	知識・技術	感情・欲求	態度・行動
どんなプランで	生徒指導の全体計画	個別指導(相談)計画	教育指導の総合計画
いつ・どこで	学校・学年集会・LHR	相談室等での個別指導	学校内外での全教育活動
だれが	教　師	生徒自身	教師と生徒
どんなやり方で	指導－指示的	援助－非指示的	指＝援－折衷的

導教師も多い。

　IIIの発達を考慮した生徒指導基本モデルを奨励する根拠として，図2に示す発達階層が考えられる。つまり，生徒の「心の安定」を確立したうえでの「社会性*」の指導があげられる。心の安定を確立するためには，カウンセリング的アプローチが必要であり，その過程で社会性*の教育指導を行っていくというものである。文部科学省の「スクールカウンセラー」事業が進められている今日においては，自分自身の探究や自己の確立といった「個」の教育が重視される状況となっているが，筆者は，学校という組織のなかにいる生徒の「社会性*」や「公共性」の教育も今後，重視されるべきであると考える。臨床心理士*は，いかにして生徒の「社会性*」や「公共性」を育成していくかについての指導力や実践力に乏しい。したがって家庭に父親と母親とがいるように学校も父親的存在，つまり現実原則を重視して「社会性*」や「公共性」を育成していく生徒指導教師の存在は，今

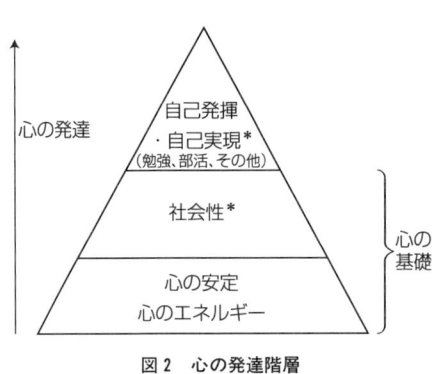

図2　心の発達階層

後，重要になってくると思われる。生徒指導教師の役割は，今後の学校の存続自体を左右するであろう。

　学校という教育の場は，生徒の「個」の確立のための教育の場ばかりでなく，生徒の「社会性*」や「公共性」の教育の場であることも軽視すべきではないと思われる。

〔3〕 養 護 教 師

　表9の飯田（1983）の調査した養護教師となった志望動機と，図3の1981年度北九州市学校保健会養護部会研修報告書の担任教師からみた養護教師による教育相談の必要性の程度を見ると，最近の養護教師は，学校カウンセリングを行うことをめざし，また，担任教師もそれを行うことを期待していることがわかる。

　また，実際に保健室において，養護教師に対して心の悩みを打ち明ける生徒も多くなっている。小倉ら（1983）の小学，中学，高校生を対象とした調査によると，保健室の入室目的の91％が，心身両面の相談室として使用され，1人当たりの平均相談時間は，10分間が30％，11分～20分間が39％となっており，また，1人当たりの相談回数は，1回～2回が54％，10回以内が86％であると報告されている。

　なぜこのように多くの生徒が保健室を心の相談室として利用するのであろうか。その理由として，(1) 最近の生徒の心身の脆弱化，(2) 担任教師と生徒との信頼関係の乏しさ，(3) 教科をもっていない養護教師は，気軽に生徒の相談にのりやすいこと，(4) 保健室は，緊張して授業を受ける教室とは異なって，生徒の防衛が緩み，心のホンネを話しやすい雰囲気があることなどがあげられる。

　しかし，生徒たちの人気者である養護教師は，他の教師から妬まれて，心の問題をもつ生徒を援助する際に，他の教師との連携がうまくいかず，孤立化することも少なくない。また保健室は，カウンセリングの場面構成（表40を参考）において困難な点が多いために，カウンセリングルームとしては機能しにくい面をもつ。しかし，実際には，保健室は，生徒にとっては「心の居場所」として存在し，図4に示すように登校の準備と充電の場，いやしと保護の場，あるいはリハビリテーションの場として活用されている。また，養護教師にとって，

表9 養護教師の志望動機（飯田，1983）
—1974年度と1983年度の比較—

項目	内容	1974年度	1983年度
1	自分に適している，好きな仕事	18 (41.85)	2 (4.55)
2	子どもが好き	6 (13.95)	3 (6.82)
3	保健委員の経験から	5 (11.62)	2 (4.55)
4	保健・看護に進みたかった	3 (6.98)	5 (11.36)
5	2年で資格がとれる	3 (6.98)	0
6	学費負担が少ない（公立）	2 (4.65)	2 (4.55)
7	就職に有利	2 (4.65)	1 (2.27)
8	社会に役に立つ(やりがいがある)	1 (2.33)	4 (9.09)
9	入試科目	1 (2.33)	0
10	一般教育科目が学べる	1 (2.33)	0
11	設備がよい	1 (2.33)	0
12	子どもの悩みの相談相手	0	12 (27.27)
13	教師より一人ひとりの教育ができる	0	5 (11.36)
14	医学と教育に携わることができる	0	4 (9.09)
15	専門技術を身につけられる	0	2 (4.55)
16	子どもの問題解決のための援助ができる	0	1 (2.27)
17	保健教育ができる	0	1 (2.27)
	計	43名(100%)	44名(100%)

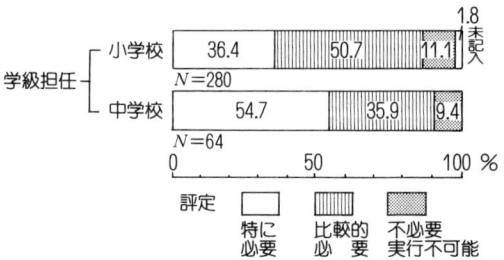

図3 担任教師からみた養護教師の教育相談の必要性（北九州市学校保健会，1981）

第Ⅲ節　各教師の学校カウンセラー的役割　15

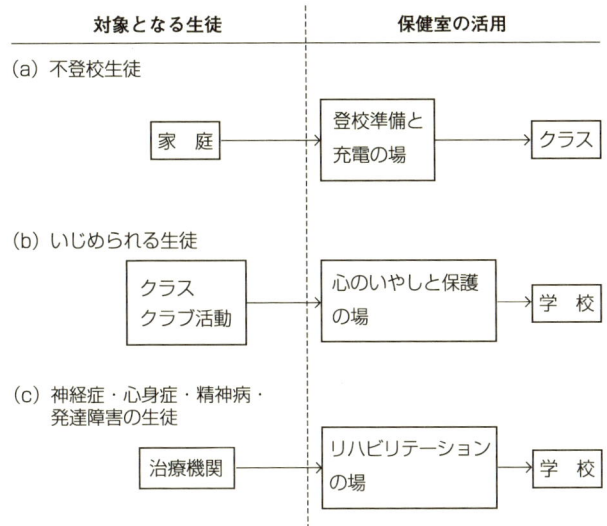

図4　心の問題をもつ生徒の保健室の活用例
注）保健室以外に学校内に心の問題をもつ生徒のための部屋を設置すると
　　そこに根づいてしまい，クラスへ入れないことが多い。

　心の問題をもつ生徒をひとりで背負い込まず，他の教師と円滑な連携を行うことや難しい心の問題をもつ生徒を治療機関へ紹介することも重要な役割と思われる。

第Ⅳ節　スクールカウンセラー制度と心の教室相談のあり方

　米国では，学校カウンセラーは，常勤であり，表10に示すように学校カウンセリング以外の仕事，たとえば，懲罰，事務，補教，給食時の監督などを行わず，また，教科ももたず，生徒に対してのカウンセリングだけを専門に行い，しかもその地位も校長や教頭と対等であるという学校カウンセリングシステムが確立されている。

　わが国では，米国のような学校カウンセリングシステムはまだ確立されていないが，年々，学校カウンセリングの充実が強くさけばれている。それは，たとえば，表11の全日本中学校長会 (1979) での564校の校長を対象とした「教員養成制度の改革等に関する調査」の結果からもわかる。

　今日の学校教育において，学校カウンセリングの必要性がさけばれるようになった理由として，(1) 生徒の心の問題が多様化・複雑化してきたために，これまでの生徒指導方法だけでは対応できなくなったこと，(2) 学校は，従来のように問題生徒だからといって治療機関に任せきることが社会的に許されなくなったこと，(3) 米国からカウンセリングの理論や方法が紹介されて60年以上が過ぎて，学校現場においてカウンセリングの理論や方法がある程度浸透してきた

表10　学校カウンセラーの役割でないもの

(Boy, A. V. *et al.*, 1963)

(1) 管理的な仕事
　　例：成績の悪い生徒の呼び出し面接，新任教師の指導，親への成績の通知など

(2) 補教や矯正的な個人指導
　　例：自習室の監督，校内の巡視など

(3) 生徒たちへの集団教育
　　例：生徒を集めて，訓戒，説得を行うことなど

(4) 事務的な仕事
　　例：電話番，テストの採点，書類の整理など

(5) クラス編成やカリキュラムの作成

(6) 補導係の仕事
　　例：出席のチェック，校外巡視など

表11 教員養成についての要望（全日本中学校長会, 1979）

今後，教員養成のための教育課程の改善充実について，取得単位を拡充する場合，とくにゼミナールとして適切と思われるものを，次にあげたものの中から7つ選んでください。						
ア 教育法規　イ 教育方法(教育機器を含む)　ウ 学級経営　エ 生徒理解・教育相談						
オ 心身障害児教育　カ クラブ活動　キ 保健・安全指導　ク 指導計画・指導案						
ケ 進路指導　コ 教育評価　サ レクリエーション指導　シ 学校行事						
ス 集団指導　セ 宿泊をともなう生活訓練　ソ （その他）						
上の問の結果						
エ 生徒理解・教育相談	94.1%	ア 教育法規	66.5%	キ 保健・安全指導	34.5%
ウ 学級経営	90.0%	ケ 進路指導	39.6%	セ 宿泊をともなう生活訓練	19.1%
イ 教育方法(機器を含む)	83.1%	ス 集団指導	38.1%	シ 学校行事	8.7%
ク 指導計画・指導案	71.2%	オ 心身障害児教育	36.9%	サ レクリエーション指導	6.1%
コ 教育評価	67.6%	カ クラブ活動	35.6%	ソ その他	7.0%

ことなどがあげられる。

しかし，その必要性がさけばれるものの，誰が学校でカウンセリングを行うかという問題に関しては，米国をモデルとした教科をもたない専門家による学校カウンセリングを支持する立場と教師の資質向上をめざして教師誰もがある程度学校カウンセリングを行えるようになることを支持する立場とに分かれている。

前者の立場をとる原野 (1986) は，以下の点を強調している。(1) 後者の立場をとると，多忙な教師にとってさらに負担が重くなる，(2) 教え―教えられるというタテの関係とカウンセリングの原理であるカウンセラー―クライエント (client, 来談者ともいう) のヨコの関係との矛盾が生じやすい，(3) 学校教育法施行規則では，生徒指導と進路指導は，その役割が分割されているが，前者の立場をとると生徒指導と進路指導が一体化でき，その対応が円滑になりやすい，(4) 学校経営の合理化を考えると，専門的なスクールカウンセラーが加われば，教科をもつ教師はさらに教科教授に集中しやすい。

しかし，学校現場の教師の多くは，後者の立場を支持しているのが現状である。とくに，後者の立場をとる内山 (1987) は，教師が，学校カウンセリングを行う基本姿勢として，(1) 人間愛 (Humanism)，(2) 生徒の心の理解 (Understanding)，(3) 生徒の心を理解して，教育していく多くの教養　(Multidisci-

表 12　スクールカウンセラーの職務内容
(文部科学省，1995)

スクールカウンセラーは，校長等の指揮監督のもとに概ね以下の職務を行う 　(1)児童生徒へのカウンセリング 　(2)カウンセリング等に関する教職員ならびに保護者に対する助言・援助 　(3)児童生徒のカウンセリング等に関する情報収集・提供 　(4)その他の児童生徒のカウンセリング等に関し，各学校において適当と定められるもの スクールカウンセラーの勤務条件は，年35週，週2回，1回あたり4時間を原則とする

pline), (4) 学校内の連携と家庭や地域との協力 (Accordance), (5) 専門のカウンセラーの名人芸に頼らないで，教師誰もが実践できるカウンセリング (Non-specific) の5点，つまり頭文字だけを略して HUMAN をあげている。

　このような流れのなかで文部科学省は，1995年より「スクールカウンセラー活用調査研究委託事業」という臨床心理士*中心の学校現場への派遣を進めた。文部科学省は，その後，「心の教室相談の開設」という教師経験者や地域に貢献する者による学校現場への派遣や「スクールケースワーカー」による派遣も進めている。

　前者の事業は，今まで確定した臨床現場をもたなかった臨床心理士*にとって，公的にその存在が認められたという意味において画期的な変革であった。この事業の職務内容は，表12に示すように多岐にわたり，比較的長時間の学校現場との関わりが必要とされる。

　「学校」という聖域に「スクールカウンセラー」の臨床心理士や心の教室相談員などの外部からの介入が始まった状況において，学校側や教育委員会は，これらスタッフに対して次のような期待を抱いている。たとえば，各地域の教育委員会では学校間の連携の円滑化を，校長や教頭は現場の教師への支援を，担任教師は担当する生徒の親の面接を，さらに養護教師は生徒の心のケアシステムの強化を期待している。文部科学省は，スクールカウンセラーや心の教室相談員の勤務内容の主眼を生徒に対するカウンセリングにおいているが，現在のところ担任教師への助言と援助を優先して実施されている。

このような新たな試みに対して、多くの期待はあるものの、学校現場の教師は不安も抱いている。たとえば、野淵(1997)による中学校教師に対するスクールカウンセラー制度に関する調査結果では、スクールカウンセラー制度が確立したとしてもいじめ現象は減らないのではないか、従来からある教育相談システムとスクールカウンセラー派遣とはうまく連携がとれないのではないか、あるいはスクールカウンセラーによって学校と家庭との連絡や連携が強化されることはないのではないかという意見が強いことが明らかにされている。また、西沢・樋野（1994）による養護教師に対するスクールカウンセラー制度に関する調査結果では、スクールカウンセラーは、身体症状を訴えてくる生徒に対して受容できないのではないかという声もあることが明らかにされている。以前、筆者と教育相談を行ってきたわが国のスクールカウンセラーのリーダーである村山（1998）もスクールカウンセラーによる学校派遣に関してまだ不確定な内容をもち、準備不足であることを認めている。しかし、筆者は、スクールカウンセラーや心の教室相談員が何ができるかという論議よりも、まず生徒たちのためのカウンセリングルーム（心を話す場）ができたこと自体の存在意義のほうが大きいと考えている。心を話す場ができたことは、学校教育の革命である。この場を用いてスクールカウンセラーは、できれば不登校、いじめ、非行などの治療や教育、また心の教室相談員による学業相談や交友関係、親子関係の相談が展開していくことが望まれる。とくに心の教室相談員は、「横町の隠居」として、忘れられたわが国の「和」の人間関係を生徒へ語ってほしいと思われる。
　スクールカウンセラーと心の教室相談員は、担当者が異なることから、生徒たちへカウンセリングルームの存在を周知させる意味において異なった説明が

表13　パンフレット作成例

スクールカウンセリング用	心の教室相談室用
誰にも言えない心の悩みのある人は、気軽に入室してください。 専門のカウンセラーがあなたの悩みの解決に援助します。 勿論、秘密は厳守します。 曜日　　時間 場所	成績の伸び悩み、友だち関係のつまづき、先生への不満、先生や友だちとうまくいってないなどの悩みに親身になって援助します。 気軽に入室してください。 曜日　　時間 場所

必要であると思われる。表13は，スクールカウンセリングと心の教室相談とのパンフレット作成例である。

　一般にカウンセリングルームの存在が周知され，クライエント数が多くなり，カウンセラーの存在が確立されるまでに5～6年を要するといわれている。

　また，学校現場での教育相談担当教師の役割は，今後，大いに期待され，とくに学校側とスクールカウンセラー，あるいは心の教室相談員との円滑な橋渡し役が期待される。

　依然として心の問題をもつ生徒に対する関わりの主体は，今後，スクールカウンセラーが中心となるのか，それとも心の教室相談員やケースワーカーが中心となるのか，あるいは学校現場の教師がカウンセリング研修を深めてその中心となるのかについての論議はあるものの，従来よりも生徒個人個人の心を理解しようとする状況が展開されたことは確かである。とくにスクールカウンセリングを担当する臨床心理士*は，その個人の現実適応力やコミュニケーション能力が必要とされる。従来からの現実外界を軽視してカウンセリングルームだけでクライエントとの精神内界だけを共感するといった内向的な臨床家は，スクールカウンセラーの適性としてはふさわしくないと思われる。また，米国のスクールカウンセラーは，教員免許を修得した者，あるいは教職経験のある者が多い。野淵（1997）の調査結果からも学校現場の教師は，教職経験のあるスクールカウンセラーを強く望んでいることが明らかにされている。現在，米国のスクールカウンセラーは，心理療法（psychotherapy）ではなくカウンセリング，学業相談や進路相談をおもに担当しているが，わが国の現状は，まだその段階へ達していない。

　このようなスクールカウンセラーの適性や現状の問題は多く残されるものの，文部科学省の「スクールカウンセラー」事業や「心の教室相談」事業，「スクールケースワーカー」事業が，今後，生徒のために活かされていくことが期待される。

教師―臨床家Q&A 2

〈Q：質問（教師）〉
　今年から，「教育相談」担当になりました。率直にお聞きしますが，はたして私のような英語教授だけを行ってきた者が，学校カウンセリングなどできるのでしょうか。

〈A：答え（臨床家）〉
　このような質問はよく聞くのですが，臨床家が行うようなカウンセリングを教師に期待することは無理だと思います。ただ，「教育相談」担当になられたようですが，その任期をできるだけ長く果たしていくと，経験も蓄積されて，臨床家の行うカウンセリングに近い技法や態度もできてくると思います。ですから，できるだけ長く「教育相談」を担当されて，しかも研修機会を多くもてば学校カウンセリングを行うことも可能だと思います。その際，研修内容が断片的なものにならぬように系統だてて学んでいくことをすすめます。もうひとつは，私の感じていることですが，昔は「教育相談」担当の教師の地位は低かったのですが，今は，教師の昇進の手段としてその役割につくことが多いようです。あくまでも生徒のためにその役を果たすべきでしょう。

第Ⅴ節　学校カウンセラーの役割

一般に学校カウンセラーの役割として，表14に示す8点があげられる。このうちの個人カウンセリングについては，第Ⅶ節で詳しく述べることにして，以下に各役割の内容と留意点をあげたい。

表14　学校カウンセラーの役割

(1) 個人カウンセリング
(2) グループアプローチ
(3) 親へのカウンセリング
(4) 学級・学校経営のコンサルタント*
(5) 心理テスト
(6) 治療機関の紹介と連携
(7) 教師へのコンサルテーション
(8) 障害児への特別支援教育*

〔1〕 グループアプローチ

学校現場で行われる集団指導の方法は，表15のように分類できる。このうち「指導活動」は，一般生徒に対して，また，「治療活動」は，問題生徒に対して行われる。

この「治療活動」のうちの「集団討議」は，臨床現場では，「集団心理療法」(group psychotherapy)，あるいは「集団カウンセリング」(group counseling)とよばれている。その定義は，コーシニ (1957) によると「個別化され統制されたグループの相互作用によって，メンバーのパーソナリティと行動をすみやかに改善する目的をもって，偶然でなく意図をもって，組織化され保護（現実生活から離れた自由な）グループにおいて生じる過程」となっている。

また，集団カウンセリングの場面構成は，一定の場所で，週1～2回の各60分間程度を原則として，メンバーは，6人から30人までがよいとされている。

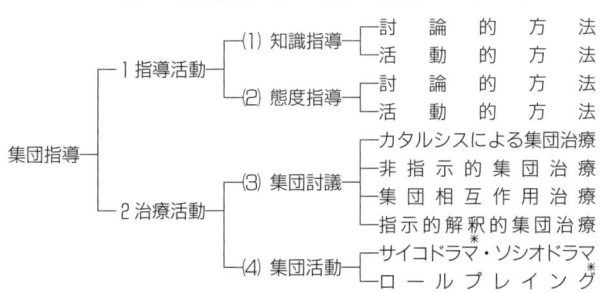

表15　集団指導の方法（井坂・坂本，1965）

表16 高校生のグループアプローチの活用法（北島，1977）

(1) クラスにおけるグループ
　　例：クラスの生徒が互いに親しくなるために行う
(2) 親もとから離れている生徒のグループ
　　例：共通の淋しさを表現して，支え合うために行う
(3) 討議グループ
　　例：「男女交際」や「将来について」などのテーマを決めて
　　　　話し合う
(4) カウンセリンググループ
　　例：個人カウンセリングを受けている生徒が集まって行う
(5) 親・生徒・教師のグループ
　　例：親・子ども・教師が互いに理解し合うために行う

　また，グループに参加するカウンセラーは，(1) 同じ仲間としてふるまうこと，(2) 権威を利用しないこと，(3) 日常生活での社交の場合のようにあまり自発的にならず，むしろメンバーの各々の心の流れを観察すること，(4) グループの展開のなかで生じる自分自身の無意識の衝動や動機を過少評価しないこと，(5) グループの相互作用はカウンセラーの心の発達をも促進させていることに気づくことが重要であるとされている。とくに集団カウンセリング経験の乏しいカウンセラーは，なるべく同性で年齢差の小さい，しかも同じような心の問題をもったメンバーを集めて行ったほうがよいとされている。
　北島（1977）は，とくに高校生に対するグループアプローチとして，表16に示すものをあげている。
　表17は，集団カウンセリング過程でのグループの変化の特徴とカウンセラーの接し方をまとめたものである。
　また，個人カウンセリングとは異なったグループアプローチの利点をあげれば，表18のようにまとめられる。
　ところで最近の生徒たちは，交友関係上の悩みやつまずきをもつ者が多いといわれている。とくに友だちがつくれない，友だちから傷つけられる，自分がどの程度，友だちと関わればよいかわからない，グループから疎外されるなどの悩みが多いようである。また，きょうだいの数が少ないことから，二者関係はうまく展開するが，3名以上のグループのなかではさまざまなトラブルが生じやすいともいわれている。

表17 集団カウンセリング過程でのグループの変化とカウンセラーの接し方

段 階	グループの特徴	カウンセラーの接し方
依存期	緊張と不安感が強く，沈黙，しらけた雰囲気，居心地の悪さ，偏った成員の発言がある	○各成員の緊張緩和を行う ○カウンセラーへの依存欲求を他の成員に返す ○「いじめられ役」を保護する
葛藤期	「発言役」と「聞き役」，「よい子」と「わるい子」のグループの分化が生じる	○問題の糸口を発見する ○問題の明確化を行う ○「逆転移*」の洞察と処理
凝集期	グループがまとまってなごやかになる。発言も率直になり，相手の個性を尊重できるようになる	○グループ全体を支持する ○問題の解決に援助する ○グループの今までの流れをまとめていく ○グループの解散についてふれていく

注)「逆転移」については，第1章・第Ⅶ節〔8〕・(b)を参照。

表18 グループアプローチの利点

(1) 対人関係の問題が，グループワークのなかで再現され，解決されやすい
(2) 複数の成員からの取り入れや模倣ができる
(3) 多面的な自己洞察*ができる
(4) 個人カウンセリングで生じるカウンセラーへの「転移感情」が複数の成員によるフィードバックによって処理されやすい
(5) グループの凝集性が高まるほど成員の「行動化*」が生じにくい

注)「転移感情」については，第1章第Ⅶ節〔8〕・(b)を参照。
「行動化」については，第1章第Ⅶ節〔8〕・(e)を参照。

今日の学校現場では，教師による，生徒どうしが出会って親しくなれるきっかけをつくる工夫がいる。その意味でグループアプローチは効力がある。表19は，國分（1997）による構成的エンカウンター・グループ法を参考にしたクラスの者どうしが親密となり，3名以上のグループでの人間関係が展開できるグループアプローチの方法である。表19の具体的な方法を表20に示した。

表 19　クラスでの 3 名ずつのグループアプローチ

ねらい
○交友関係を形成するきっかけをつくる ○自己と他者を理解する ○「ソーシャルスキル*」（social skill）の練習

実施する時期
1 学期の初期か 2 学期の中期

実施する場所と時間帯
○ホームルーム ○中学生の「総合学習」の時間帯　　　　　　　場所：教室，時間：45分以内 ○放課後

実施する教師の原則
○教師もグループのなかに参加して楽しむこと ○生徒の心を傷つけないように配慮すること ○各回のグループワークを終えた直後，各生徒に経験上の感想や気持ちを聞くこと ○賞罰は与えないこと，評価的意見はいわないこと ○焦らないで生徒の話を聞くこと ○すべての生徒が参加意識が生じるように配慮すること

小学生	中学生・高校生
3 名で構成するグループでの方法	
方法 1　身体を支えるゲーム（10分） 方法 2　ブラインドウォーク（10分・10分・10分） 方法 3　共同絵画（30分） 方法 4　共同粘土遊び（30分）	方法 5　自己アッピール（10分） 方法 6　手から感じること（6分） 方法 7　他者連想ゲーム（10分） 方法 8　黙って聞く練習（ひとり 5 分で計30分） 方法 9　金魚ばち会話（45分）

クラス全員で実施する方法（伝達の難しさを経験するゲーム）
方法10　（図形とことばを用いて）（45分）

注：方法 1～4 を自由に組み合わせ，方法 5～8 も自由に組み合わせるとよい．

表 20　表 19 の方法の具体例

方法	説明
方法 1 身体を支えるゲーム	ひとりが閉眼して，力を抜いて左右前後に倒れる。残りのふたりが両手で倒れるのを支えてやる。これを各人でくり返す。支えてもらう実感を味わうこと。
方法 2 ブラインドウォーク	ひとりが閉眼して，学校の中を自由に歩く。その際，残りのふたりが手を握って危なくないようにことばで道を教える。リードしてもらう実感を味わうこと。
方法 3 共同絵画	画用紙とクレヨンを用意し，3名で何を描くかを決める。じゃんけんで順番を決め，ひとり10分あるいはひとり12分間で部分的にその絵を描く。それを見ているふたりは何もいわないこと。完成したら皆で意見を出し合う。他者の描いた部分に修正を加えないこと。
方法 4 共同粘土遊び	方法3と同様な方法で粘土を用いて行う。
方法 5 自己アッピール	ひとり3分間で自分のよい点，自分のアッピールしたい点をできるだけ多くふたりの前で述べる。各自終えたら，他者をどのようにとらえたかの話をする。自己表現の練習と他者を知る練習。
方法 6 手から感じること	3人で手をつなぎ，各自が相手の手を握って感じたことをことばで順番に1分間で表現する。
方法 7 他者連想ゲーム	3人が輪になってすわり，互いを見て連想できるイメージを各自がいう。たとえば植物なら，動物なら何に当てはまるかのイメージをいう。相手からいわれたイメージ内容で自分が傷ついた場合は，それをいわせる。
方法 8 黙って聞く練習	3人で2人のペアをつくり（3とおり），2人のうちひとりが黙ったままの聞き役となり，もうひとりが「昨日あったこと」を気持ちを入れて述べる。ペアではないもうひとりはふたりを黙って観察する。テーマとメンバーを変えながら，聞いてもらった気持ち，聞く時の気持ち，ペアの関係をとらえた内容を終了して述べてもらう。
方法 9 金魚ばち会話	方法8の方法で6人グループをつくり，2人のペアを中央にしてそのまわりを4人で囲み（金魚ばち），2人のペアの話を4人で黙って観察する。これをメンバー各自がそれをくり返し，聞いてもらった気持ち，聞く時の気持ち，ペアの関係をとらえた内容をすべて終了した後，各自に述べてもらう。

方法10（スピードと正確さを見る）

1　クラス全員，4つ〜5つのグループに分け，そのグループをタテ1列に並べてすわらせる。
2　各グループの代表1名をじゃんけんなどで決める。
3　その代表者が教師の示すことば，あるいは図5（図あるいは伝文）を他のメンバーに知れないように見せられ，その内容を2分間で暗記する。
4　代表者は，自分のグループへもどり，前列1番目の者に手などをつかわず耳もとへ他のメンバーに聞こえないようにことばで伝える。図の場合は，前列1番目の者に用意された用紙に描かせる。その場合，後ろのメンバーに内容を見せないようにする。
5　4の方法で並んだ順番に自分の伝達されたものを正確にことばで伝えていく。
6　グループの最後の者が，黒板に伝えられた内容を描く。
7　教師が，正解と黒板に描いたものとを照合する。

伝達文例
○山川一郎君は，昨日，松本二郎君とけんかをして，学校を休み，家にいましたが，松本二郎君からあやまりの電話をもらい，今週の日曜日にふたりで三和町のゲームセンターで遊ぶ約束をしました。
○山川一郎君は，底辺 AB が 5 cm，高さ CD が 3 cm の三角形の面積を出す問題をまちがえて底辺 AB が 4 cm，高さ CD が 6 cm で面積の計算をしました。

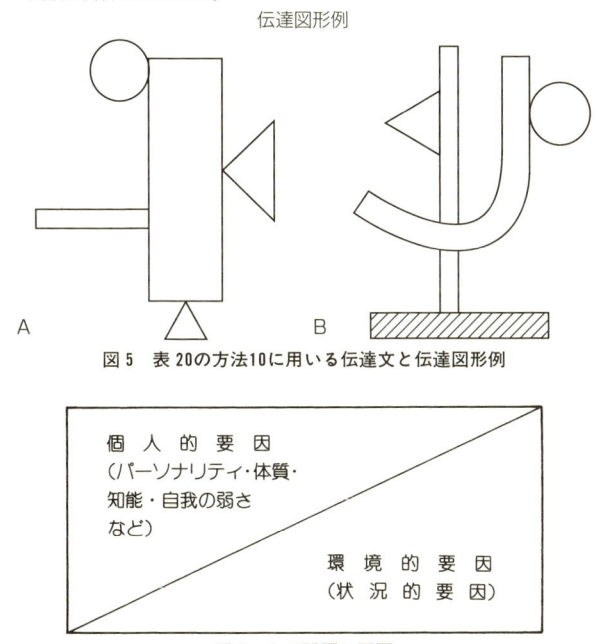

伝達図形例

図 5　表 20 の方法 10 に用いる伝達文と伝達図形例

図 6　心の問題の原因

〔2〕 親へのカウンセリング

　心の問題の発生因としては，個人的要因と環境的要因とが考えられる。心の問題は，図 6 に示すように，個人的要因と環境的要因との相互作用の結果として生じやすい。したがって，心の問題の原因を考える場合，これら 2 つの要因の影響度を考慮しておかなければならない。最近の臨床心理士によるスクールカウンセラーは，環境的要因を重視してケースワーカー的役割を果たすことが多いが，むしろ個人的要因を改善できる訓練が必要である。

　とくに学校カウンセラーは，図 6 の環境的要因のうちで親の養育態度[*]や子どもとの関わり方の問題を考慮する必要がある。実際に小学生や中学生の心の問

表 21 家族と関わる理由

(1) 学校と家族との関係を密にする
(2) 家族の成員がひとりでも変化すると，他の家族成員まで変化しやすい
(3) 個人カウンセリングによって生徒の問題が解決したとしても，生徒の家族の病理性が解決されていない場合には生徒の問題が再発しやすい

表 22 親の養育態度*の改善すべき留意点（秋山・亀口，1980）

育児態度	親の改善すべき留意点
拒否型	○子どもの楽しみや活動に興味をもち，ときには参加する ○子どもと話し合う時間をもつ ○子どもの立場に立って理解する ○子どもとの身体接触を多くする
過保護型	○子どもに当を得た要求をする（発達に応じた要求をする） ○社会的接触の機会を与える（同年齢の子どもたちと遊ばせる） ○子どもを尊重することとわがままにさせることの区別を知る
過支配型	○禁止より静かな統制 ○子どもの自主的解決を重んずる ○子どもの立場に立って話し合いで問題解決にあたる ○おとなの尺度で子どもの評価をしない ○子どもの自由を尊重し，ものごとを民主的に解決する
溺愛型	○間違っていること，良くないことは，子どものいいなりにならない ○子どもをなぐさみものやおもちゃにしない ○家庭の民主化をはかる ○規律を守らせる ○両親の自律性と情緒の安定を促す
矛盾 不一致型	○両親や家族の子どもに対する教育の一致，および一貫性をもたせる ○両親の自律性と情緒の安定を促す ○夫婦間の情緒的交流の促進

表 23 家族との関わり方の留意点

(1) 病理性をもつ家族ほど家族と関わるうえでの抵抗が強いので，家族成員のうちでもっとも精神的に健康*な者から関わっていく
(2) 家族の各成員の秘密*を厳守する
　　　　例：カウンセラーへ述べた親の秘密話や生徒の秘密話を他の家族成員に漏らさない
(3) 親は子どもの問題に対して強い罪悪感をもっていることが多いので，親の責任を追求するようなアプローチはひかえる

題は，親の養育態度※の改善によって解決していく例が多い。表21は，学校カウンセラーが，心の問題をもつ生徒の家族と関わる理由を，また，表22は，親の養育態度※の改善を行ううえでの留意点を，さらに表23は，心の問題をもつ生徒の家族との関わり方の留意点をまとめたものである。

ところで親が教師を敬う，わが子のことで教師の手をわずらわすことを申し訳なく思うといったことは遠い昔のことのように思える。学校側へ細かな不満をいってくる，わが子の非は認めず，他生徒や教師を責める，学校に呼び出されても来ないといった親が増えている。実際に最近の教師の多くは，親への対応に苦慮している。激動する社会状況をふまえて，教師の側も権威主義に走らず親に押しつけない態度も必要である。

また，親のほうもわが子を客観的に見ていく眼が必要である。真意を曲げてとらえる，言い訳が多く他罰的となる，子どもの問題を表面的にしか理解しない，家族の問題をじっくり考えるゆとりがないなどの問題のある親に対して，5～6回の話し合う機会を設けて信頼関係を形成し，子どもの問題や親自身の問題に直面させ，それを受けとめる状況をつくっていく努力が必要である。その際，教師の教師たる理念として，学校は生徒の「社会性※」や「公共性」を教育していく場であることを忘れてはならない。

〔3〕 学級・学校経営※のコンサルタント

表24は，望ましい学級・学校集団の特徴と生徒の教育機能をまとめたものである。学級・学校集団が，表24に示すような望ましい方向へ展開していくためには，何よりも教師や校長のリーダーシップ※のあり方が重要である。

表25は，土田（1984）による学校経営※の3つのリーダーシップタイプと発生しやすい心の問題の種類との関係を示したものである。わが国の教育委員会や学校経営のリーダーは，管理タイプが多いが，表25から，創造タイプの教師や校長のリーダーシップ※が，学校を望ましい方向へ展開させていくことがわかる。

そこで問題となるのが，学校カウンセラーの学級・学校経営上の役割である。図7に示すⅠ型の学校カウンセラーの場合，つまり教科をもたないスクールカウンセラーや心の教室相談員は，学校経営のリーダーシップ※をとる校長や教頭の補佐役・相談役を果たして，担任教師，生徒指導教師，養護教師との連携を

表 24 望ましい学級・学校の特徴と教育機能

望ましい学級・学校の特徴	生徒の教育機能
○集団目標が明確である ○集団目標を達成するために，教師や生徒の役割が分化し，全体として統合されている ○集団独自の集団規範が確立されている ○教師や生徒が互いに受け入れられているという認識が成立している	○「親和欲求」や「所属欲求」の充足によって，情緒の安定性をもたらす ○集団規範の「同一化*」を通して自尊感情が高まり，パーソナリティ形成に影響を及ぼす ○学習効果が高まる

表 25 学校経営*のリーダーシップ*タイプ（土田，1984）

管理タイプ	服従タイプ	創造タイプ
権力を行使して生徒や教師を強制的に従わせるタイプ。形式主義となり，規則づくめに追い込みやすい	生徒や教師を放任し，権力のある教師に服従するタイプ。生徒や教師は，無分別，利己的になりやすい	生徒や教師の相互の立場を理解し，話し合いによってまとめていくタイプ
生じやすい生徒の問題		
校内暴力，非行，不登校など	自殺，心身症など	とくになし

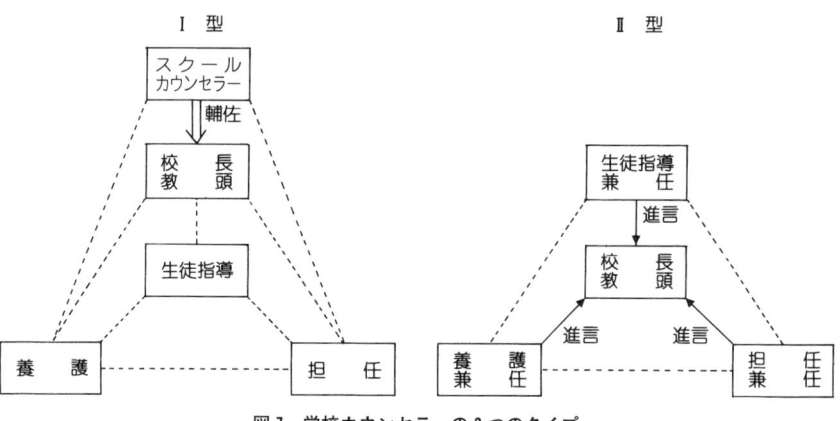

図 7 学校カウンセラーの 2 つのタイプ

とっていくことが重要であると思われる。また，図 7 の II 型の学校カウンセラーの場合，つまりクラス担任か生徒指導か養護かの役割をもちながら学校カウンセリングを行う教師は，学級・学校経営*上に問題がある場合には，担当する役割をふまえて，校長や教頭に進言する必要があると思われる。

ところで昨今の学校現場では,「臨床心理学*」(clinical psychology) を専攻するスクールカウンセラーによる学校への貢献が強調されているが,従来からの「教育心理学」(educational psychology) を深めて,学校現場に即してさらに実践的に探求する「学校心理学」(school psychology) を専攻する「学校心理士*」(school psychologist) による学校現場への援助も進められている。

　学校心理学とは,生徒の学習面,社会面(交友,家族,教師との関係など),及び進路面での発達を援助し,学級・学校経営の援助を行う心理・教育的サービスの実践体系をいう。学校心理士*の資格認定に関しては,日本教育心理学会が制定している。今後,望ましい学級・学校経営のあり方や校長や教頭,担任教師のリーダーシップ*のあり方や基礎学力の修得に関して,学校心理士*の貢献が期待される。

　また,昨今,とくに学校・学級経営上で論議されているのは,校則のあり方と校則を犯した場合の罰のあり方の問題である。

　國分 (1976, 1987) の見解にもとづいて,表26は校則設定の理想的原理を,表27は罰の意義をまとめたものである。一般に校則は,学校側が厳しくすればするほど生徒の校則への反逆・反抗は高まりやすいといわれており,校則がなぜ必要なのかを生徒に理解させることが何よりも重要である。米国では,学校のなかに学校警備員が配置されている例が多く,校内暴力やいわゆる「学級崩

表26　校則設定の原理（國分,1987）

(1) 生徒が守っていくうえで無理でない校則内容
(2) 日常生活に役立つ校則内容,できれば生徒皆で決めていく
　　　例:礼儀(あいさつ,時間の厳守,服装)や作法,健康や安全
(3) 人生哲学を導く校則内容
　　　例:信条や教訓
(4) 禁止的表現から「…をしましょう」という奨励的表現に

表27　罰の意義（國分,1976）

(1) 懲　　罰
　　　懲りて2度としなくなるだろうという意味
(2) 善悪の教育
　　　ものごとの良い悪いを教える
(3) 見 せ し め
　　　罰せられた人を見て自分はそうなりたくないと思わせる

教師―臨床家Q&A 3

〈Q：質問（教師）〉

　私の学校の校長は，最近，始まったスクールカウンセラーや心の教室相談員の派遣，あるいは「スクールケースワーカー」の派遣など外部の者が学校へ来て，心の問題のある生徒に対して関わることを一切避けます。教育委員会へは「うちの学校は問題ない」と断言して問題を隠し，内部の教師にばかり問題への対応を押しつけますが，このような場合，私たち教師はどのようにしたらよいのでしょうか。

〈A：答え（筆者）〉

　日本の校長や企業経営者や教育委員会のトップは，ワンマンな方が多く，民主的リーダーシップ＊のとれる方は少ないようです。先生の質問にあるような「閉ざされた学校」のあり方がわが国の学校の特徴でした。しかし，これからは家庭や地域と交流していく「開かれた学校」となっていくことが私たちの願いです。質問にある校長先生は，いわゆる権威主義者で他者から悪く評価されることを恐れていると思います。時間をかけて，教師どうしで話し合い，校長と腹をわった話ができることがまず大切です。学校は，校長のためだけに成り立っているのではなく，生徒のためにあることを認めてもらうまで時間がかかると思います。また，スクールカウンセラーや心の教室相談員への期待も高くもちすぎないことも大切で，必ずしも外部の者が学校へ介入したからといって学校自体が大きく変わるとは思いません。むしろ，今の学校を自分たちで民主的にしていくことのほうが先決だと思います。また，文部科学省や教育委員会は，「問題がない」と自ら断言している学校こそ，むしろ問題が多いことも知っておくべきであり，そのような学校へどのように対処していくかの工夫がいると思います。答えになっていませんが，これが現状でしょう。

壊」が生じないような工夫がなされている。

今日，わが国では体罰に関しての論議が多いが，体罰は禁止されており，体罰は生徒の恐怖心を高めるばかりで一時的な違反行為の抑制のみの効果しかないことが明らかにされている。生徒の親は，体罰に関して肯定的意見を言うが，実際に自分の子どもが体罰を受けると学校側へ抗議をしたり，不満を言ったりする例が多い。このようなことから，学校側は，体罰ではない罰のあり方や日頃より生徒個人個人との関わりを深めたうえで校則を犯した場合にどのように対応していくかを考えていく必要がある。また，制服に関する考え方も多くあり，フランス，スイス，北欧諸国，ギリシアなどは制服を廃止しているが，イギリスなどは制服制度を維持している。この制服に関する考え方も今後，論議されるであろう。

学校カウンセラーは，問題生徒に関わる際に校則の原理や罰の意義についても，十分理解しておく必要がある。

表28 どのようなときに心理テストをするか

手段と目的	種 類
(1) 心の問題の早期発見	Y-G, MPI, MAS, CMI など
(2) 進路指導の時に適性や興味を明確にする	職業適性テスト，職業興味テストなど
(3) カウンセリング過程での問題の明確化	ロールシャッハテスト，SCT, MMPI など
(4) カウンセリングの動機づけを高める時	ロールシャッハテスト，HTP, バウムテストなど
(5) 青年期のあいまいな「自己」の客観化・明確化	ロールシャッハテスト，P-F スタディ，Y-G など
(6) カウンセリングの効果を見る時	ロールシャッハテスト，MMPI, CMI, バウムテストなど

注：クライエントの心を配慮して心理テストを実施する。

表29 心理テストの結果を見ていくときの留意点

(1) テストの結果を絶対視しない
(2) テストの結果を統計的観点や解釈マニュアルにもとづいて報告する
(3) テスト結果の予測内容と実際の結果内容の違いを検討する
(4) 中立的な態度でテスト結果を伝える

〔4〕 心理テストの実施

　表28は,どのようなときに心理テストを実施するかを,また表29は,心理テストの結果を見ていくときの留意点を,さらに表30は,学校現場で用いやすい心理テストの種類をまとめたものである。

　心理テストを実施するおもなねらいは,生徒の可能性や長所を捜し出すことであり,また,テストを実施するにあたっては,誰が,どこで,生徒とどのような関係のもとで行われるのかを考慮する必要がある。また,テスト結果を解釈する場合,テスト作成の背景にあるパーソナリティ理論の理解や「スーパーバイザー*」(supervisor)から解釈の訓練を受ける必要がある。

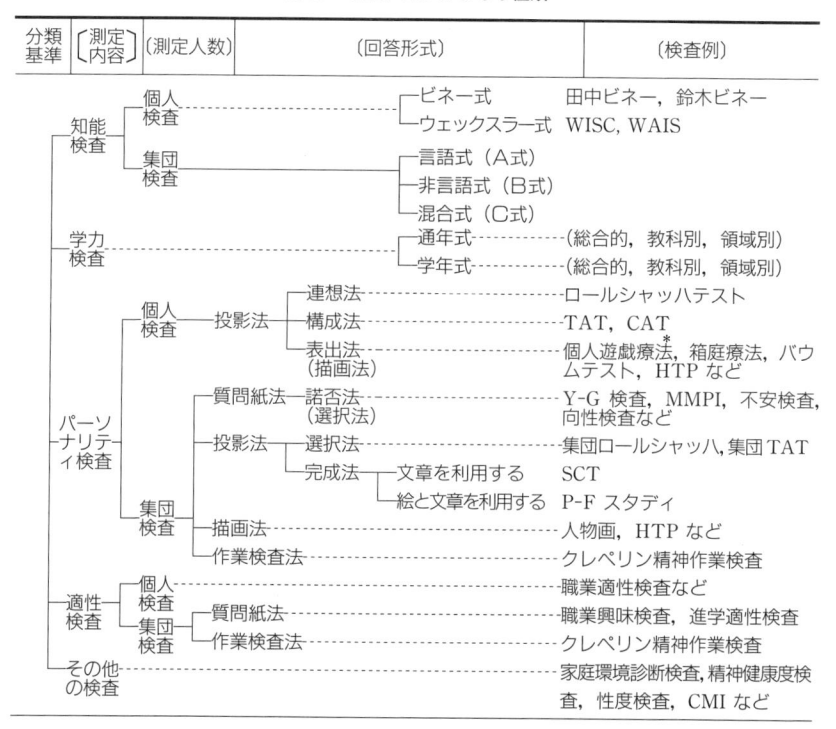

表30　心理テストのおもな種類

分類基準	〔測定内容〕	(測定人数)	(回答形式)	(検査例)
知能検査		個人検査	ビネー式	田中ビネー,鈴木ビネー
			ウェックスラー式	WISC, WAIS
		集団検査	言語式（A式）	
			非言語式（B式）	
			混合式（C式）	
学力検査			通年式	(総合的,教科別,領域別)
			学年式	(総合的,教科別,領域別)
パーソナリティ検査	個人検査	投影法	連想法	ロールシャッハテスト
			構成法	TAT, CAT
			表出法（描画法）	個人遊戯療法,箱庭療法,バウムテスト,HTP など
	集団検査	質問紙法	諾否法（選択法）	Y-G 検査, MMPI, 不安検査,向性検査など
		投影法	選択法	集団ロールシャッハ,集団TAT
		完成法	文章を利用する	SCT
			絵と文章を利用する	P-F スタディ
		描画法		人物画, HTP など
		作業検査法		クレペリン精神作業検査
適性検査	個人検査			職業適性検査など
	集団検査	質問紙法		職業興味検査,進学適性検査
		作業検査法		クレペリン精神作業検査
その他の検査				家庭環境診断検査,精神健康度検査,性度検査,CMI など

〔5〕 治療機関の紹介と連携

　学校カウンセリングだけでは対応できない生徒に対しては,心の問題内容に

第Ⅴ節 学校カウンセラーの役割

表31 心の問題内容に応じて紹介する治療機関

心の問題内容		紹介する治療機関	
(1) 問題行動	神経症的な内容のもの	公立の児童相談所（18歳未満）	公立精神保健センター，開業している心理臨床クリニック，大学の心理相談室
	反社会的な内容のもの	公立の教育相談センター（18歳未満）	公立の少年センター，青少年相談センター（18歳未満），家庭裁判所少年相談部
(2) 精神症状		公立精神保健センター 一般の精神科外来クリニック，開業している心理臨床クリニック 大学病院の精神科 一般の精神科病院	
(3) 身体症状		大学病院の心療内科 一般の心療内科病院 一般の内科・小児科病院	
(4) 問題行動 精神症状混合 身体症状		公立精神保健センター 大学病院の精神科 一般の精神科病院	

表32 治療機関へ紹介するときの留意点

(1) 生徒と家族で話し合い，紹介する理由を伝える
(2) 紹介先は1カ所に限定しないで2～3カ所をあげるとよい
(3) 生徒の来談抵抗が強いときは，家族だけでも来談することをすすめる
(4) 紹介後，治療機関との連携をとっていく

表33 家族の来談抵抗内容とその対応

家族の来談抵抗	対　　応
(1) 子どもを来談させると世間から親と子どもが変な目で見られる	治療機関がどのような所についてを説明する
(2) 血縁の者に知れると彼らから親が責められる	
(3) 親と子どもの関係が，切れるのではないかという不安がある	生徒の問題を放置しておくと，その後どうなるのかを説明する
(4) 血縁の者の将来の結婚や就職に支障をきたす	
(5) 子どもの状態が，いっそう悪くなるのではないかという不安	
(6) そのうちに子どもはよくなるだろうという安易な考え	
(7) 子どもの問題の原因は，学校側の問題から生じたという置き換え	生徒やその家族が生徒の問題に気づくまで待って話し合う
(8) 子どもに問題はなく，学校側が一方的に問題として見ている	

適した治療機関を紹介することが望ましい。その際，学校カウンセラー，あるいは担任教師と生徒本人とその家族とが話し合いのうえで治療機関を選ぶことが必要である。したがって，学校カウンセラーは，日頃から近隣の治療機関と円滑な交流や連携を行っていくことも必要である。

表31は，心の問題の内容に応じて紹介するのに適した治療機関の一覧であり，また表32は，紹介する場合の留意点を，さらに表33は，家族の子どもを治療機関へ来談・来院させない抵抗内容とその対応をまとめたものである。

〔6〕 教師へのコンサルテーション

教師へのコンサルテーションを行う主体は，心理臨床を専攻とするスクールカウンセラーや心の教室相談員やスクールケースワーカーである。元来，臨床心理士*は，カウンセリングルームという密室でクライエントとのみ関わる仕事を行っているため，学校という組織全体の特徴や組織の人間関係の構図をとらえたり，現実的な人間関係のスキルを教えたりすることはもっとも苦手としている。しかし，既述したように文部科学省によって臨床心理士*によるスクールカウンセラー制度が，進められていることから，学校現場の教師に対して，教師自身がより良い教師に，また学校全体がより良い学校になるために「コンサルテーション」(consultation)をしていかなければならない。このコンサルテーションとは，カウンセリングとは異なり，専門的な助言をしていくことを意味する。専門的とはいっても心理臨床の場合には，各流派によって理論や治療技法が異なっており，しかも学校現場に即した専門的な心理臨床の理論や技法は今日にいたってもないに等しい。したがって，わが国の臨床心理士*は，今日までの自らのあり方を反省し，謙虚に学校現場に即した心理臨床の理論や技法を構築していこうとする意志や態度をもつ必要がある。

そこで，筆者なりにスクールカウンセラー制度が進められている現状をとらえて，教師へコンサルテーションを行うまでの過程を以下にあげてみた。

学校へ派遣された初期には，(1) 各教師や校長・教頭のパーソナリティと集団の人間関係の構図をとらえること，(2) 全教師へ自らの存在や何を行う者かについてとくに前任者の活動やねらいの違いを周知してもらうために，心理臨床に関する講演や自己紹介などを行うこと，(3) 初期から校長・教頭，養護教師，生

徒指導教師，及び教育相談担当の教師とラポール形成を行うことの3点があげられる。

その後に教師へのコンサルテーションが開始され，その課題として，(1) 教師は，生徒の親とどのように関わり，どのように対応していけばよいのか，(2) 教師と生徒との関係について，教師は，問題をもつ生徒，あるいはクラス全員の生徒に対してどのように関わり，どのように対応していけばよいのか，(3) 教師自身の「精神衛生」(mental health) 上の問題への対応の3点が考えられる。これら3点の具体的な対応については，本書では，(1) については，第Ⅴ節の〔2〕に，(2) については，第3章に述べられている。また，(3) の教師自身の精神衛生上の問題については，教師のもつ病態水準をみて治療機関へ紹介してあげたり，カウンセリングや心理療法を行うこともある。

以上にあげた教師へのコンサルテーションは，あくまでもわが国の現状に即したものであり，さらに合理的，組織的に教師へのコンサルテーションを進めていくためには，キャプラン (1964) による4種類のコンサルテーションがある（表34）。

また臨床心理士や心の教室相談員やケースワーカーが，教師へコンサルテーションを行う際，学校のなかでの自ら立場をわきまえておく必要がある。つまり，あくまでも学校のなかでは「教師が主役」であり，臨床心理士や心の教室相談員は，「裏方の仕事」をする者であるという認識をもっておく必要がある。

今日，臨床心理士は，時代の脚光を浴びているが，本来，人の心のなか，心の関わりに携わる者ははなやかな存在でもなく，地味でこの世の影の部分に存

表34　教師へのコンサルテーションの種類（Caplan, G. 1964）

種類	説明
問題をもつ生徒に対してカウンセリングを行う	臨床心理士自らが，問題生徒と関わって，その診断や関わり方を教師に伝える
問題をもつ生徒の事例研究を行う	臨床心理士と教師がともに問題をもつ生徒に関してどのように関わり，どのように対応するかを話し合う
対策中心の管理コンサルテーション	複数の問題生徒について学校としてどのように関わり，どのように対応していくかを組織的に考え，話し合う
教師への管理コンサルテーション	学校の組織のあり方，リーダーシップのあり方，教育相談のあり方を助言する　第Ⅴ節の（3）を参照

在する者である。

〔7〕 障害児への特別支援教育*

「精神発達遅滞」(mental retardation),「自閉症*」(autism),「アスペルガー症候群*」(Asperger syndrome),「注意欠陥多動性障害*」(ADHD),「学習障害*」(learning disabilities) などの障害児への教育, 指導を行う。障害児の「診断」(diagnosis) は医師が行う。その教育や指導については, 愛情, 体力, 根気が必要である。

教師－臨床家Q＆A 4

〈Q：質問（教師）〉

今年から本校では, カウンセリングルームを設置しましたが, 生徒の相談件数も少なく, しかもなかなか来談しません。どうしたらもっと活用できるものになるでしょうか。

〈A：答え（筆者）〉

設置して, 1年間ぐらいはこのような現象が多くみられると思います。しかし, 担当者が, パンフレットや校内放送で宣伝活動をしたり, 数少ない来談者に対して丁寧に関わっていくと, 生徒のカウンセリングルームに対する認識が, 気軽に相談できる所だというものに変わってきます。やはり, 開設して5年間は, 担当者が, アクティブに宣伝をしたり, 細かな世話をしていくことが大切でしょう。また, 来談者の口コミで来談する生徒もしだいに増えてくるものです。相談件数にこだわらず, 生徒へ対応してください。

第VI節 カウンセリングルームの設置

〔1〕 カウンセリングルーム設置の利点

　学校現場においてカウンセリングルームを設置する場合には，治療機関の場合とは異なって，学校全体の体制や経営のなかでカウンセリングルームを位置づける必要がある。

　表35は，学校においてカウンセリングルームを設置した場合の利点を示している。

表35　学校でカウンセリングルームを設置する利点

(1) 心の問題の早期発見と対応ができる
(2) 各生徒を個別に理解できる
(3) 親よりは生徒自身と深く関われる

〔2〕 カウンセリングルームの設置条件と学校カウンセラーの適性

　学校でカウンセリングルームを設置する場合，生徒のほうがそれを強く希望して設置する場合がもっとも理想的であろう。しかし実際は，カウンセリングについて関心や興味をもつ一部の教師が，学校カウンセラーやカウンセリングルームの設置の必要性を説いて，校内の全教師の理解と協力のもとに開設されることが多い。

　カウンセリングルームを開設するにあたっては，全教師の理解と協力のもとに，全生徒に対して，いつ，どこで，誰が，どのような目的でカウンセリングを行っているのかという情報をパンフレットや校内放送や掲示を通して呈示するほうがよい。しかし，実際には，卒業した生徒たちの回想結果ではカウンセリングルームが在校時にあったかどうか，誰がカウンセリングを行っていたかについて知らない者が多い。これは，わが国の教育相談のあり方の歴史によるものであり，生徒たちにカウンセリングルームの存在をもう少し周知させる工夫がいる。

　開設の当初は，おもに比較的健康な生徒を対象とした「開発的カウンセリング」を行ったほうがよい。また，心の問題をもつ生徒を対象とする場合には，まず，悩んでいるという自覚のある非社会的問題行動を示す生徒のほうから関

わっていったほうがよい。

　では，教師のなかでどのような人が，学校カウンセラーとしてふさわしいのであろうか。筆者の私論ではあるが，学校カウンセラーの適性として，(1) 心身が健康であること，(2) 学校現場の特徴をよく知っていること，(3) ある程度世話好きであること，(4) 忍耐強くて，心が寛容であること，(5) ものの考え方が客観的であることの5点をあげておきたい。また，スクールカウンセラーの適性としては，(1) コミュニケーション能力（ソーシャルスキル能力*）がある者，(2) 現実的な適応力のある者の2点があげられる。

　つぎに，学校においてカウンセリングルームや学校カウンセラーの存在がある程度定着すると，定期的に校内へカウンセリングルームからのニュースや全教師への相談報告書を報告したり，生徒や教師からのカウンセリングルームへの意見や投書を参考にしてカウンセリングルームの充実をはかる必要がある。

　カウンセリングルームの設置条件として，どのような点を考慮すればよいのであろうか。図8は，理想的なカウンセリングルームの設置例である。とくに，(1) 明るく，心が落ち着くような部屋の配置や設置であること，(2) 静かで他者からのぞかれたり，聞かれたりしない場所であること，(3) どの生徒も気軽に入室しやすい配置の部屋であること，たとえば，生徒指導の部屋とは別個にして，保健室の隣りの部屋などの条件を考慮すべきである。小学校の場合ではカウンセリングルームが設置されている例が少ないが，生徒に伝える部屋のネーミングも生徒たちに関心・興味がもたれるつけ方の工夫や，難しい話をする場というよりもカウンセラーと遊べる場というイメージ形成のために画用紙，クレヨン，粘土，折り紙などを準備しておく工夫がいる。カウンセリングルームは，カウンセラーとクライエントとのふたりだけの「閉ざされた場」である一方，学校のなかで誰もが気軽に入室しやすい「開かれた場」であるという両面の機能をもっている。

　また，カウンセリングの受付は，生徒にとってあまりめんどうな手続きをとらせないように配慮して，直接来談だけでなく，電話相談や投書での相談も受付るようにし，カウンセリングの記録用紙を保管できるロッカーも用意しておいたほうがよい。

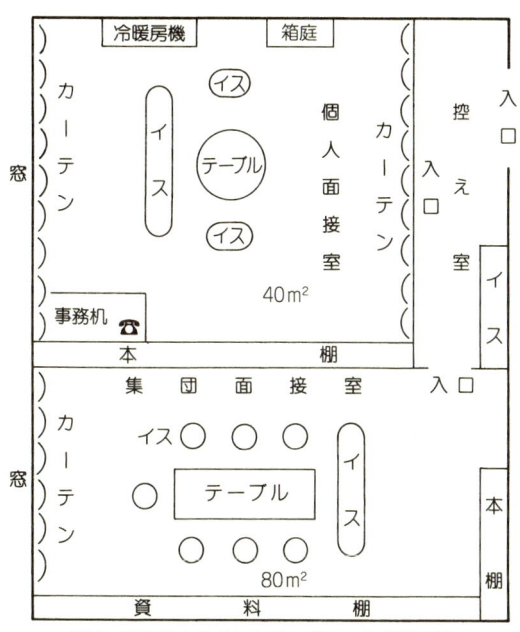

図8 理想的なカウンセリングルームの設置例

教師―臨床家Q&A 5

〈Q：質問（教師）〉
　養護教師をして2年目ですが，生徒があれこれと身体の訴えをして授業の逃避の場として保健室を利用してきた場合には，どのような対応を行えばよいのでしょうか。

〈A：答え（筆者）〉
　保健室へ来室するすべての生徒が，授業の逃避の場として利用しているわけではないと思います。私の専門からはずれますが，やはり保健室の使用上のルールを設定すべきでしょう。そうしないととかく生徒の「たまり場」になりやすいようですから。来室する生徒のなかで心の悩みをもつ者の相談を行える保健室の雰囲気づくりにも工夫がいると思います。たとえば，他の生徒からのぞかれない「つい立て」を設けることなどです。カウンセリングルームのない学校では，保健室が心の相談を行う場となりやすいと思います。

第Ⅶ節　個人カウンセリングの進め方

〔1〕 生徒の心を理解する方法

　生徒の心を理解する観点として，(1) 発達的観点，つまり児童期や青年期の特有な心性や生徒個人の生育歴にもとづいて理解していくこと，(2) 多面的観点，つまり生徒の心の問題の発生時の状況や教師との関係，交友関係，家族関係，あるいは生徒のパーソナリティや諸能力などのさまざまな観点から理解していくこと，(3) 長所発見的観点，つまりどの生徒でも長所をもっているのでそれを積極的に捜し出すことなどがあげられる。

　また生徒の心を理解する方法として，(1) 指導要録にもとづいた理解，(2) 観察法*，(3) 個人カウンセリング，(4) 心理テストや調査の活用があげられる。このうち観察法*は，教師が，生徒の心を理解していくうえでもっとも基本的なものである。

　表36は，生徒の心を理解していくうえでの言語以外の「非言語的交流」のチャンネルを示し，また，表37は，生徒の心の問題が顕在化する兆候を示したものである。表36と表37を参考にして生徒を観察していくと，生徒の心の問題の早期発見がある程度可能であると思われる。

　しかし，教師も完全な人間ではなく，ましてや多忙な職務の過程で，全生徒を正確にしかも深く理解していくことは困難なことである。教師が，生徒の心を理解していくうえでとくに誤りやすい点として，(1)「ハロー効果」(halo effect，光背効果ともいう)，つまりある生徒のひとつの特性について，良いあるいは悪い印象をもつと，その他の特性についても不当に良いとか悪いとみなしてしまうことをいう。たとえば，成績が相当に良いから，悩みや問題行動を起こさないだろうと思い込むことなどがあげられる。(2) 悪い意味の教師期待効果*，つまり教師が，「この生徒はだめだ」とか「悪い子だ」と決め込むと実際にその生徒は，教育的にますます悪い方向へ進んでしまうことをいうの2点があげられる。このような誤った理解を補うためにも学校カウンセラーの役割は大きいように思われる。

表36　非言語的交流のチャンネル（春木，1987）

コミュニケーションの送り手のチャンネル	メッセージを運ぶもの	コミュニケーションの受け手のチャンネル
身体，とくに手	熱，圧力，弾力	皮ふ感覚
顔面を除く身体	姿勢，運動	視覚
顔面	表情	視覚
眼	視線，ひとみの大きさ	視覚
全身	衣服	視覚
音声	音質，音量　ことばの量　語い，構文	聴覚
限定しにくい	体臭，香料	嗅覚

注：面接については表50を参照。

表37　心の問題が顕在化する兆候

	学校生活		家庭生活
授業場面	◎欠席，遅刻が多い ○教師に対してふてくされる ○教師に対して視線を合わさない ○何か他のことを考えている ○よく眠る ○私語がふえる	食事	○家族といっしょに食事をしなくなる ○沈黙が多く，考え込むことが多い ○親に対してからんでくる ◎食欲不振 ○きょうだいに対して挑発的になる
休み時間	○ひとりきりでいる ○教室から出て，どこかへ行く ○よく眠る ○同級生と口論が多い ○変わった遊びや性的な話を始める ◎保健室へよく行く	睡眠	○9時間以上寝る ◎不眠 ○寝言が多い ◎就寝時刻が遅くなる
課外場面	○ひとりきりでいる ○教室から出て，どこかへ行く ○同級生と口論をしたり，粗暴になる ○変わった遊びや性的な話を始める ◎保健室へよく行く	休日	◎ひとりで自室にこもったまま ○外出してなかなか帰宅しない ○ある行為を何回もする，たとえば，同じ曲を何回も聞くなど ◎親に対して挑発したり，依存してくる ○同級生や教師の批判を多くする
教師との関係	◎教師に対して回避的になる ○教師に対して攻撃的・挑発的になる ○教師に対して依存性が高まる ○同級生に教師のかげ口をいう	勉強	◎成績が急に低下する ○勉強に集中できない ○勉強をしなくなる
		親との関係	◎親に対して回避的になる ○親に対して攻撃的・挑発的になる ○親に対して依存性が高まる

◎は，不登校の兆候を示す

〔2〕 カウンセリングの歴史と定義

　「カウンセリング」(counseling)の「カウンセル」(counsel)という語は，聖書のなかの「完全への勧め」(counsel of perfection)という語に起源をもつといわれている。

　カウンセリングを広い意味で，「相談」，「援助」，「病をいやすこと」という点からとらえると人類の歴史とともに展開されてきたといえるが，言語的手段を媒介とした「面接」(interview)を中心とする形でのカウンセリングは，米国で1800年代の後半から始まったといわれている。

　その後のカウンセリングの歴史を大まかに区切ると，(1) 第Ⅰ期の職業指導運動時代，1900年前後の米国において，青少年の卒業後の職業上の適応の改善をめざした時期，(2) 第Ⅱ期の心理測定運動時代，第1次世界大戦後，軍人に対しての知能テストや適性テストの実施が盛んであった時期，(3) 第Ⅲ期の精神衛生運動時代，ウィリアムソン（1930）が，カウンセリングの方法を体系化し，その後，ロジャース*(1942)が，「非指示的カウンセリング」(nondirective counseling)を提唱した時期の3つに分けられる。

　わが国では，1951年にウィリアムソンが，1961年にロジャース*が来日して以来，その影響は大きく広まって，各大学の学生相談室の開設に始まり，今日までわが国の臨床現場や学校現場にカウンセリングの理論や方法は波及し始めた。

　カウンセリングの定義については，ハー（1978）による定義がわかりやすいので表38に示した。また，「心理療法*」(psychotherapy)の流派によってその原理や方法も異なることから，表39にその分類を示した。

　昨今，表39の(3)の「非指示的カウンセリング」に関する教師に対する研修や学校現場への適用が強調され始めたが，それはわが国の今後の学校教育が生徒個人個人の個性を尊重し，個性を成長させていくことに力点を置いていることにも関連している。

　しかし，実際には，「カウンセリング」や「非指示的態度」については，まだわが国の学校現場の教師には広く，深く浸透しておらず，ラジオでの教育相談や週刊誌やテレビでの性の相談の類のものとしてでしか理解されていない。戦後まもなく，ロジャース*によって非指示的カウンセリングの方法が紹介された

にもかかわらず，今日にいたっても本来のカウンセリングの意味やカウンセラーの態度が啓蒙されなかった原因として，筆者は，ロジャース*の思想やカウンセリング理論に関する当時の紹介者の力量不足，指導中心の教師が多いこと，あるいは米国とわが国との国民性の相違があると考えている。とくに国民性の特徴として，人生上の問題，自らの心の問題を自らで解決していくという「個」の確立の欠如があげられ，カウンセラーへ問題解決を任せる，あるいはカウンセラーに頼るという「依存性」をもつ国民性があると考えられる。

　しかし，今日の学校現場の生徒たち，あるいは教師は，人と人との心のふれ合いを求めており，集団のなかでの関わりを苦手とし，1対1で誰かに自分の

表38　カウンセリングの定義（Herr, E. L., 1978）

(1) 非常に言語的な過程であり，
(2) その過程でカウンセラーとクライエントとは力動的に相互作用し，
(3) カウンセラーはさまざまな種類の活動を通して，
(4) 自分の行動に責任をもつクライエントが自己理解を深め，意味のある意志決定をして，それを行動に移していくように援助すること

注：わが国では，(4)について理解し難い者が多い。

表39　心理療法流派*の分類

(1) 診断的カウンセリング（**diagnostic counseling**）
　おもに心理テストを用いて診断を行い，その結果にもとづいて問題解決に援助する

(2) 指示的カウンセリング（**directive counseling**）
　クライエントについての情報を集めて，その結果にもとづいて助言や指導を行う

(3) 非指示的カウンセリング（**nondirective counseling**）
　（来談者中心カウンセリング **client centered counseling**）

(4) 折衷的心理療法（**ecletive psychotherapy**）
　各種の心理療法を時と場合によって，適切に用いる方法

(5) 行動療法（**behavior therapy**）*
　行動主義の原理にもとづいて，正しい行動を強化し，誤った行動を消去していく方法

(6) 精神分析療法（**psychoanalysis**）
　精神分析論にもとづいて，問題行動や症状の背景にある無意識的内容や力を意識化させる方法

第Ⅶ節　個人カウンセリングの進め方　47

心を聞いてもらいたい気持ちが強い。この意味からもカウンセリングの考え方や態度の真の普及が必要であるとも思われる。

〔3〕　カウンセリングの場面構成

　臨床家は，人の心に潜むさまざまな欲求，たとえば愛情欲求や攻撃欲求がすさまじいことを経験的によく知っている。かりにあるクライエントに対して，いつでもどこでも無条件にカウンセリングができる状況を設定したとしたら，カウンセラーは，たちまちそのクライエントのペースにのみ込まれて，クライエントの心のあり方がよく理解できなくなり，また，その対応も的確にはできなくなるであろう。したがって，心の問題をあつかうカウンセリングにおいては，一定の場所で決められた時間にしかも定期的にクライエントと関わっていく「場面構成」が必要になってくる。こうした「場面構成」があってこそ，クライエントの心のあり方を正しく理解し，また，クライエントと深く関われるのである。最近のスクールカウンセラーは，登校中心の学校現場の要請に迫られて，メールカウンセリングや訪問面接をよく行っているが，場面構成を考慮して実施すべきである。

　教師は，臨床家のいう「治療構造*」(structure of psychotherapy) を軽視して，生徒の心の問題を解決する際に，とかくひと晩かけた生徒との相談や，職員室，校庭，廊下などで不定期に生徒との相談を行いがちであるが，決められた一定の時間と空間がないことには生徒の心のあり方を正しく理解したり，生徒との本当の心の結びつきは容易にはできないものである。

　表40は，学校カウンセリングの場面構成上のカウンセラーの発言例を示し，

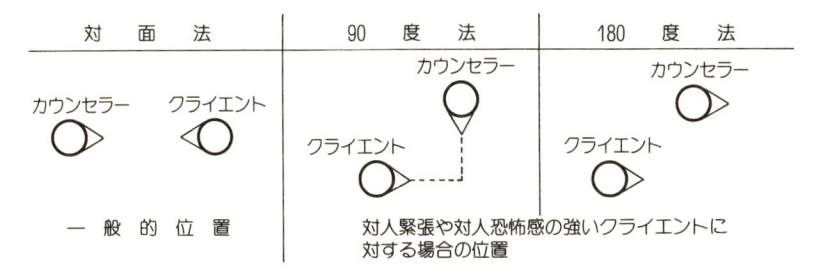

図9　カウンセラーとクライエントの位置関係

表40　カウンセリングの場面構成（中学・高校生対象）

(1) 面接時間と面接場所
　　面接はカウンセリングルームで行い，面接時間は週1回各40分程度を原則とする
　　来談内容に応じて，2週間に1回にしたり，20分間程度の面接時間にする場合もある
　　発言例：「今度から，ここで毎週〇曜日の午後〇時から約40分ぐらい話し合おうか」

(2) 秘密の厳守*
　　カウンセラーは，クライエントの述べた内容の秘密を厳守する
　　発言例：「ここで君と話し合う内容は，プライベートなことが多いから，誰にも話しませんよ」

(1)と(2)の発言例のようにクライエントに拘束感や威圧感を与えないように配慮して，それとなく話すことがポイントである。
注：秘密の厳守に関しては，教師，臨床家 Q & A 12を参照。

自我の強さの程度	病態水準*	心理療法技法の基本的要因		学　　年
自我が強い	正　　常	支持・訓練	表現	小学生・中学2年生まで
中　程　度	神経症的		支持	
	神　経　症	表現・洞察*	訓練	
自我が弱い	パーソナリティ障害	支持・訓練	表現洞察*支持	中学3年生以降，高校生
	精　神　病			

図10　自我の強さの程度，及び学年と心理療法技法の基本的要因の関係
注）「自我の強さ*」については，表62を参照。

図9は，カウンセラーとクライエントの位置関係を示したものである。

〔4〕 心理療法技法の基本的要因

　これまでに心理療法の技法*は数多く開発されてきているが，それらは，時代や文化を越えて，大なり小なり，「支持」(support)，「訓練」(training)，「表現」(expression)，「洞察*」(insight) の4つの基本的要因の組み合わせによって構成されている。
　表41は，心理療法技法の基本的要因の発言例をまとめたものである。また，これらの基本的要因は，クライエントの心の強さである「自我の強さ*」(ego

表 41 心理療法技法の基本的要因

要因	ねらい		発言例
支持	励ましたり，知識や技術を教えたり，忠告や助言をしたりして心を支える	保証	ク「そのことが気になってしかたがないのです」 カ「そうですか。しかし，君が心配しているほどではありませんよ。だいじょうぶです」
		助言	ク「どうしたらよいのでしょうか」 カ「○○○したほうがよいと思う」
		説得	カ「とにかく君は，○○○すべきだ。そうしたほうが絶対にいいよ。そうだろ」
		再教育	ク「そのへんに私の問題があると思うのですが……」 カ「そうでしょう。君はいつも○○○という自分の問題で同じパターンをくり返している。今度は，そのへんを考えて，△△△してみてはどうですか」
		暗示	カ「今度は，君は，きっと○○○をする。そのとおりになりますよ」 ク「はい」
訓練	実際の行動を通して，体験させることにより，心をきたえて自信をつけさせる		ク「先週，先生のいうとおりに○○○ができました」 カ「そうかよくやれたね。今度は，もう少しがんばって△△△をやってみよう」
表現	心の底に閉じ込められている欲求や感情を表現させる		カ「胸にたまっているわだかまりをすべて話してごらん」
洞察*	〔精神分析的療法がめざす洞察〕 　症状や行動の背後にかくれている欲求や感情や葛藤を気づかせる		ク「学校へ行けなかったのは，お母さんにかまってもらいたい気持ちとお母さんにさからいたい気持ちの2つがゆれ動いていたからだと思います」
	〔非指示的カウンセリングがめざす洞察〕 ○自分についての肯定的側面や否定的側面の両方を素直に受けいれるようになることをめざす ○空想的な自分のあり方から現実的な方向へ変化していくことをめざす		ク「最近，私のほうが間違っていることがわかりました。母を攻撃していたのは，私の自信のなさだとつくづく思いました。自分に弱いところがあるなあと思います」 ク「よく考えてみると，無理な理想ばかり追っていたようで，○○○している時の自分が本当の自分だなあと思います」

注：「カ」はカウンセラーの発言例を，「ク」はクライエントの発言例を示す。
　「訓練」は，行動療法のおもな技法，「表現」は，ことばに限らず動作，絵や粘土を用いた遊び，コラージュや箱庭を用いたイメージもふくむ。

strength)の程度（表62を参考）や学年に応じて使い分けなくてはならない。図10は，クライエントの自我の強さ＊の程度，および学年と心理療法技法の基本的要因との関係を示したものである。

〔5〕 カウンセリングの方針

　学校現場でのカウンセリングは，どのような形で開始され，どのように展開され，また，どのようにして終えるのであろうか。その過程は，一般には，図11に示すように展開される。図11に示す各時期でのそれぞれ問題点は多くあり，また学校のなかで実施されることから，臨床家が自分の所属するカウンセリングルームで心理療法＊を実施しているように円滑には展開しにくい。学校カウンセラーは，学校カウンセリングを行いながら学校内外の情報の多くを得ると同時にカウンセリングルームで生じているクライエントの心の動きをみていかなければならない。

　Ⅰ期については，本書の第3章の第Ⅰ節に説いているが，生徒自身が「問題」を自覚しているか，あるいは教師や親のみが生徒を「問題」があるととらえており，生徒自身が「問題」を自覚していない場合もある。この点は，カウンセリングを行う前段階で留意すべき点である。したがってⅡ期でのカウンセリングルームへの来談経路が，Ⅰ期での「問題」としてとらえているのは，誰かということに関連してくる。

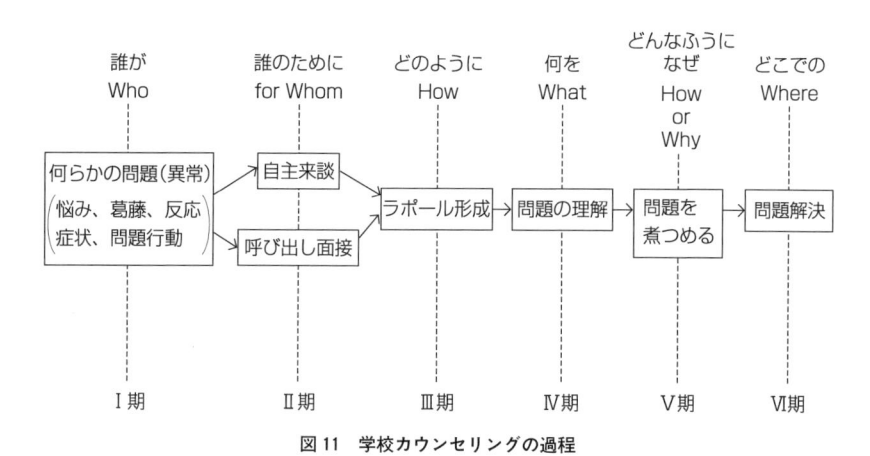

図11　学校カウンセリングの過程

第VII節　個人カウンセリングの進め方

　II期において、「問題」は、生徒自身というよりも「問題」としてとらえている教師や親のほうであることもありえる。したがって、本書の第3章の第I節で説いている「受理面接」（intake interview）での情報収集が重要であると思われる。

　次にIII期において対象となるクライエントが定まれば、カウンセラーとクライエントとの「ラポール*」（rapport）の形成に入る。ラポール*形成の方法として、教師が日頃用いている助言、対決、説得、教示、情報提供、自己開示を行ってもよいが、昨今の生徒たちは教師とのラポール*形成が難しいことから、後述する非指示的カウンセリング的態度によって生徒とのラポール*形成が成立する例が多い。一般には、生徒の親に対してもこの態度をとって5～6回のカウンセリングを行うことによりラポール*が成立しやすい。

　III期のラポール*形成と同時にIV期のクライエントのもつ「問題の理解」が展開される。「問題の理解」とは、I期の段階でとらえた「問題」をさらに細かく、焦点を絞ってカウンセラーとクライエントとで深めていく課題である。IV期の問題の理解が深まっていけば、自然にその問題は煮つまっていき、その解決が近くなっていく。

　V期においては、心理療法各流派*によって問題を煮つめることについての見解は異なっている。たとえば、不登校生徒に対して、登校訓練を解決への目標とする見解（行動療法）、なぜ不登校になったかの原因を明らかにして、生徒にそのことを自ら気づかせる見解（精神分析療法）、理想の自分と現実の自分との不一致を気づかせて現実の自分をあるがままに受けいれ、余裕のある自分を形成することを目標とする見解（非指示的カウンセリング）、偏ったものの見方やとらえ方を修正させ、正確で客観的なもののとらえ方を形成することを目標とする見解（認知療法）、また、クライエントが語る問題に焦点を合わせて短期的に解決していく見解（解決志向療法）などがあげられる。

　しかし、学校現場では、不登校生徒の出席日数が、現実問題としてもっとも重視されていることから、上述した臨床家のとらえる問題解決の目標と学校側のとらえる問題解決の目標とがくい違うことが多い。このようなことから、学校カウンセリングの終結についてを学校カウンセラーは、クライエントを中心に学校側の立場や見解をふまえて考えていく必要がある。

〔6〕 カウンセラーの態度

(a) 非指示的カウンセリング　「非指示的カウンセリング」の創始者であるロジャース*(1942)は，表42に示す原則を打ち出し，その後，1957年に，細かいカウンセリング技法よりも，むしろカウンセラーの態度を重視して，このカウンセラーの態度しだいでクライエントのパーソナリティは変化できるという原理を唱えた。

表43は，彼が強調するカウンセラーの態度を示したものであり，この態度を徹底させるために，表44に示したカウンセラーの対応法があげられる。

表43と表44に示すように非指示的カウンセリングは，カウンセラーのもつ価値観やものの考え方をクライエントに対して表現することを控え，まずクライエントの気持ちを聞き，理解していくことが重視される。この点は，日頃，生徒を評価している教師にとっては不慣れな態度である。また，臨床家のなかでも非指示的カウンセリングについて，受身性が強い，現象的なとらえ方を重視しすぎる，診断的な見方をしないために具体的方針が立たないなどの批判を

表42 非指示的カウンセリングの原則 (Rogers, C. R.*, 1942)

(1) クライエント自身の成長，健康*，適応へ向かう欲求に絶大の信頼をおくこと
(2) クライエントの知的側面よりも感情的側面を重視すること
(3) クライエントの過去よりも直接の現在の状況を重視すること
(4) カウンセラーとクライエントとの関係そのものが，クライエントの成長経験である

表43 カウンセラーの態度 (Rogers, C. R.*, 1957)

態　度	説　　明
無条件の積極的関心	クライエントのここが良いが，この点が悪いというような条件つきの理解ではなく，クライエントのすべての側面をクライエントの一部として理解していく態度
共感的理解	クライエントの心の世界をあたかも自分自身であるかのように感じとること
純粋性	カウンセラーが，今，ここで，クライエントから感じとったものをありのままに（純粋に）フィードバックしていく態度

第Ⅶ節　個人カウンセリングの進め方

表44　カウンセラーの対応の発言例

対応	ねらい	区分	発言例
受容	クライエントの発言に対し，一定の規準による評価的選択的認知を行わず，好意的な感情をもって受けいれ，理解しようとする	単純な受容	ク「あの先生の授業は，さっぱりわかりません」 カ「そうですか」
			ク「父も母も私のことをわかってくれやしない。成績も悪いし，学校もおもしろくない。進学しろというけど無理な気がする。就職してもちゃんとはやれない気がする。学校も行きたくないし，この頃は，毎日，家出しようかと考えている」
			浅い受容
			カ「そうですか。お父さんもお母さんも君の気持ちをわかってくれないんですね」
			深い受容
			カ「うーん，両親も誰も君の本当の気持ちをわかってくれなくて，逃げ出したい気持ちなんですね」
くり返し	クライエントの発言をそのままもう一度くり返して，自己のあり方や考え方を深めさせる	事実のくり返し	ク「そして私は理由もなく泣いてしまうんです。私は，急に泣きたくなり，それを止めることができなくなります」 カ「君は，わけもなく泣きだしてしまい，それを止めることができなくなるんですね」
		感情の反射	ク「その人と別れることを考えると悲しみや自分のみじめさが生じてきて……」 カ「悲しみやみじめな気持ちが生じたの」
明確化	クライエントの混乱したり，葛藤している感情や思考を整理・分類して，それらを明確で正確なものにしていく	事実の明確化	ク「そういうと父は怒り，口もきいてくれなくなり，母はあわてて，私にいちいちいってくる」 カ「お父さんは怒って，お母さんはあわてるんですね」
		考え方の明確化	ク「私には決心がつかない原因があるんです。それをはっきりさせようとするんですが，どうもはっきりしないんです。私は，一体何を望んでいるのかを考えてもはっきりしないんです。私は，それがいやなんです」 カ「君は，自分の希望していることが何かはっきりしないんですね。そのはっきりしないことがいやなんですね」
			ク「私は，他人といっしょにいても少しも楽しくありませんでした。私は，ひとりだけとり残されているような気持ちになってしまい，勉強ばかりしていました。苦しみを忘れるために勉強をしました」
			浅いレベルの感情の明確化
			カ「君は，他人といっしょにいることが苦痛で現実逃避として勉強をしていたんですね」
			深いレベルの感情の明確化
			カ「君は，他人といたらのけものにされるような気持ちに耐えかねて，その苦しみを紛らすために勉強をしていたんですね」

注：「カ」はカウンセラーの発言例を，「ク」はクライエントの発言例を示す。

する者もいる。

　しかし，学校現場において生徒の心に耳を傾けること，教師と生徒との信頼関係を形成することがさけばれている今日において，この非指示的カウンセリングの考え方や態度は教師にとっても，また心理療法流派の異なるスクールカウンセラーや心の教室相談員やケースワーカーにとっても学ぶべきものがある。

　また，教師誰もが，日頃，学校現場でこの非指示的カウンセリングの考え方や態度を適用した「カウンセリング・マインド」で生徒に関わる方法もある。表45は，カウンセリング・マインドで生徒に関わる例である。

注：「受容」(acceptance)と「認容」(approval)との相違点

　「受容」とは，クライエントの感情を理解して受けいれることであり，一方，

表45　教師のカウンセリング・マインドと適用例（東京都文教委員会，1982）

カウンセリング・マインドの定義
①人間関係（リレーション）を大事にする　　信頼感，安心感，安全感がもてる関係のなかで人間の成長力は発揮されやすいと考える
②傾聴する　　説教や説得をすることよりは，相手の話に積極的に耳を傾けることを重んじる
③情緒を重視する　　普通の学校場面ではややもすると知的な面のみに注目しがちであるが，感情や情緒に注目し，それを大事にする
④ことばや行動の背景に目を向ける　　相手のことばや行動に対してすぐ評価的・審判的になるよりは，そのようなことの背景にある気持ちや意味を理解しようとする
⑤可能性を見いだす　　相手のネガティブな面，マイナスの面よりは，ポジティブな面，プラスの面に着目し，その可能性を見いだすように努める
⑥根気強い努力　　相手の成長を長い目で見守り，なかなかうまくいかないようにみえる場合でも，あきらめずに粘り強く努力を続けていく

日常生活でのカウンセリング・マインド
①いい顔でにこやかに　　朝，出会いの瞬間を大事にする
②生徒の名前は正しく心をこめて呼ぶ
③どの場面でも子どもの顔を見て語りかけや話（授業）をする
④間違った答えや，失敗を尊重し，大事にとりあげる（どの子どもにもその子なりの真実があるということ）
⑤近くに寄ってくる子どもの外側にいる子どもにも目を向ける
⑥どの子どもにも発言や発表の機会を多くとる工夫をする
⑦ときおり学級活動・授業の進め方の感想をきく（教師主導にならないように，子どもの発想を生かす　　いつも新鮮な刺激と変化を求め，常に子どもに学ぶ姿勢をもつ）
⑧ときに明るいユーモアをもつ（不機嫌，無愛想は子どもの心を暗くする）
⑨いつも子どもたちと一緒にいる　　一日一度は声をかける　　遊ぶ
⑩下校は〝別れ〟の勉強　　元気で「さようなら」が言えるような，さわやかな1日の終わりにする

「認容」とは，クライエントの行動結果やめざす行動をカウンセラーの価値基準にもとづいて認めることをいう。

たとえば，万引きをした生徒のカウンセリング場面で，カウンセラーが，クライエントが万引きした時の感情を理解することを「受容」といい，万引きした行為を認めることを「認容」という。

注：「共感」(empathy) と「同情」(sympathy) との相違点

「共感」とは，自己を冷静に保ちながら，自分自身の欲求，体験，先入観，偏見などに左右されることなく，相手の心の世界をあたかも自分自身のものであるかのように感じとることをいい，一方，「同情」とは，自分の欲求の満足を目的とすることが多く，自己の感情を中心として相手の感情と少しでも一致するところがあれば，それをもって相手の感情のすべてを理解できたと思い込み，いたずらに感傷に浸ったりする自他未分化な状態のことをいう。

(b) 中立的態度と積極的態度　　カウンセラーの「逆転移」(countertransference) とは，カウンセラーが，クライエントに向けるさまざまな感情的態度，その他のすべての心理的反応を意味する精神分析用語である。

心理療法の流派にかかわらず，クライエントの特徴やカウンセリング目標に応じて，カウンセラーは，(1)「逆転移」に留意しながら，カウンセラーの個性を「隠れ身」において，中立的な態度でクライエントに関わっていくか，それとも (2) カウンセラーの「逆転移」を利用しながら，カウンセラーの個性を表現していく積極的な態度でクライエントに関わっていくかを考慮しなければならない。

表 46 は，中立的態度と積極的態度の相違点をまとめたものである。

一般に青年を対象とする学校カウンセリングにおいては，カウンセラーは，表 46 の積極的態度で関わっていくことのほうが多い。

〔7〕 指示的カウンセリングと非指示的カウンセリング

「指示的カウンセリング」(directive counseling) の立場をとるウィリアムソン (1930) は，表 47 に示す段階的対応を説いている。

また，國分 (1987) は，学校カウンセリングにおいて，「説得的」(persuasive)

表 46　中立的態度と積極的態度（小此木，1964を修正）

中立的態度	積極的態度
中立的・受動的・合理的態度の重視	積極的・柔軟的・共感的態度の重視
技法の科学性を重視	人間愛をもった態度の重視
カウンセラーとしての分別を守る「隠れ身」を保つ	人間的な親しみと愛情を表現する
「逆転移」を調整	「逆転移」を利用
クライエントの心の内面を重視する	クライエントの適応*を重視する
父親的態度	母親的態度
カウンセリングの動機づけの希薄なクライエントとはラポール*成立が困難	クライエントの「行動化」や「転移」が生じやすい

注：今日，カウンセラーの行動化によるクライエントの行動化も多い。

表 47　指示的カウンセリングの段階的対応（Williamson, E. G., 1930）

第Ⅰ段階	分　析	クライエントを理解するために必要な資料を面接や心理テストを用いて集める
第Ⅱ段階	統　合	得られた資料をもとにクライエントの心の問題をまとめる
第Ⅲ段階	診　断	クライエントの心の問題の原因を明らかにする
第Ⅳ段階	予　診	クライエントの心の問題の今後を予測する
第Ⅴ段階	カウンセリング	クライエントに対して，助言，指示，忠告，説得を行って心の問題の解決を行う
第Ⅵ段階	フォローアップ	カウンセリング効果を調べて，その後のクライエントのあり方を明らかにする

アプローチも必要であると説き，とくに，(1) 自己中心的で世間知らずの者，(2) 過度に良心的でひとつの考え方に固執する者，(3) 自殺願望があり，先の見えない者，(4) おひとよしで他者が自分をどう見ているかに気づかない者，(5) 留年，退学，停学，失恋，家出などの危機状況にいて，一時的に自分で判断して行動する能力が弱まっている者に対しては，このアプローチを行ったほうがよいこともあると述べている。表 48 は，國分 (1987) による説得を行うための条件と説得の方法をまとめたものである。学校カウンセラーが，指示，説得を行う場合の前提として生徒とのラポール*形成が必要である。

一方，カウンセリングの立場によっては，〔6〕の (a) で述べたようにカウンセラーは，できるだけ説得，助言，指導，忠告を行わないほうがよいという見

第Ⅶ節　個人カウンセリングの進め方

表48　説得するための条件と方法（國分，1987）

説得するための条件	方法
(1) 生徒との信頼関係が成立していること (2) 生徒が，今，何を欲しているのかを理解しておくこと (3) 日頃から，生徒から頼りにされていること	(1) 具体的な約束ごとをする (2) 約束が実行できたら無条件にほめること (3) 約束を守らない場合でも叱らずに「今後，どうするか」を聞いていく (4) 約束ごとは小刻みにすること

表49　指示的対応と非指示的対応

指示的対応	非指示的対応
呼び出し面接の場合に多い	自主来談の場合に多い
助言，指示，忠告，説得が中心	受容，くり返し，明確化が中心
クライエントの知的側面を重視	クライエントの感情的側面を重視
タテの関係になりやすい	ヨコの関係になりやすい
ある程度の拘束のない治療や教育は，ありえないという見解	人間は，本来，「自己実現*」をめざす欲求があるという見解
カウンセラーへの依存が生じやすい	カウンセラーへの依存が生じにくい
クライエントの発言量少	クライエントの発言量多

解もある。この見解は，生徒の個性を尊重するものであり，できるだけ生徒自身に解決させることをめざしている。

　表49は，「指示的対応」と「非指示的対応」との相違点をまとめたものである。
　このような相違点があるものの，フィードラー（1950）による異なる流派，異なる熟練度のカウンセラーを対象とした調査研究の結果では，理想的なカウンセラーとクライエントの関係は，流派の違いによるよりも，むしろ理論を越えた熟練度に左右されることが明らかにされている。

〔8〕　カウンセリング過程で生じるさまざまな問題の対応

(a) 来談動機の希薄なクライエントへの対応

自発来談のクライエントの場合は，一般に来談への動機づけが強いことが多いが，紹介による，あるいは呼び出されて来談するクライエントの場合は，青年期*の未熟さ，不安定さ，反抗，対人的過敏さなどの心性と関連して，来談への動機づけが希薄であったり，否定的であったりすることが多い。

表50 非言語的行動 (春木, 1987)

(1) 時間的行動	(1) 面接の予約時間（遅れて来る／早く来すぎる） (2) 面接の打ち切り時間（打ち切りたがらない／早く打ち切りたがる） (3) 肝心の話題に入るまでの時間 (4) 話の総量・グループ面接の場合は話の独占量 (5) 問いかけに対する反応時間（沈黙／無言）
(2) 空間的行動	(1) カウンセラーや他のメンバーとの距離 (2) 座わる位置 (3) カバンなど，物を置く位置
(3) 身体的行動	(1) 視線・アイコンタクト（凝視する／視線をそらす） (2) 目の表情（目をみひらく／涙ぐむ） (3) 皮膚（顔面蒼白／発汗／赤面／鳥肌） (4) 姿勢（頬づえをつく／肩が上がったままこわばる／うつむく／身をのり出す／腕をくむ／足をくむ／半身をそらす） (5) 表情（無表情／顔をしかめる／微笑む／笑う／唇をかむ／泣く） (6) 身振り（手まねで説明する／握りこぶし／肩をすくめる） (7) 自己接触行動（爪をかむ／体を掻く／髪をいじる／鼻をさわる／口をさわる／指を組み合わせる） (8) 反復行動（貧乏揺すり／体を揺する／手による反復行動／ボタン・服・ハンカチなどをもてあそぶ／鼻をかむ） (9) 意図的動作（指さす／〈同意〉のうなずき／〈否定〉の頭ふり／メモをとる） (10) 接触（注意をうながすために相手にさわる／握手する）
(4) 外観	(1) 体型 (2) 服装（派手／地味／慎み深い／きちんとした着こなし／だらしない着こなし／アンバランスな着こなし） (3) 髪型（よく変わる／変わらない／手入れが行きとどいている／手入れが行きとどいていない） (4) 化粧（有・無／濃い／薄い／若作り／セクシー） (5) 履物 (6) 携行品
(5) 音声	(1) 語調（明瞭／不明瞭・口ごもる／声をひそめる／よわよわしい／抑揚がない／子どもっぽい／吃る） (2) 音調（ハスキー／かん高い／低い） (3) 話し方の速さ (4) 声の大きさ (5) ことばづかい（正確／不正確／かたい／やわらかい／ていねい／ぞんざい／ことばづかいの一貫性）

表51　来談動機の希薄なクライエントへ用いる初期の技法

(1) カウンセラーによる自問自答

カウンセラーのある質問に対して，クライエントが答えないで沈黙が長く続いたような場合に，カウンセラーがクライエントの立場に立って考えをめぐらし，自らその答えと思われるものを声を出していってみることにより，ふたりで考える状況をつくること

(2) カウンセラーによる踊り

今，生きているクライエントの最大の関心事，あるいは興味や好奇心に話題を焦点づけて，カウンセラー自らが，それに関しての話題を提供したり，クライエントの話題に即応して少し大袈裟に反応すること

後者の場合のクライエントに対しては，カウンセラーは，表50に示す「非言語的行動」を重視する必要がある。

また，カウンセラーとクライエントとの組み合わせ，とくにカウンセラーが同性であるか，あるいは異性であるか，また，カウンセラーとクライエントの年齢差などに留意して，クライエントがカウンセラーから一時的な「同一化*」，つまりカウンセラーのパーソナリティのある側面を取り入れることができるような工夫も必要である。

表51に示した技法は，沈黙が多く，しかも来談への動機づけの希薄なクライエントに対して，初期の心の不安定さを受容し，緊張や警戒心を和らげるためのものである。昨今のスクールカウンセラーは，クライエントの沈黙に耐えきれず，自らが「行動化」しやすいが，言語と態度を介したラポール形成が何よりも重要である。「行動化」については後述している。

(b) 転移と逆転移の対応

「転移」(transference) とは，幼児期からつくられ，自然に盲目的にくり返されている無意識的で非現実的な対人関係のパターンが，カウンセラーに向けられることを意味する精神分析用語である。また，「逆転移」とは，カウンセラーが，クライエントに対して生じる「転移」のことをいう。

図12に示すようにカウンセリングを始めて10回目以後において，カウンセラーとクライエントの関係が深まると，「転移」と「逆転移」の相互作用が生じやすい。

この「転移」にもカウンセラーに対して，好意，甘え，依存，性愛化*，理想化などの感情が向けられる「陽性転移」(positive transference) と，逆に敵意，

図12 転移と逆転移の相互作用（前田，1985）

怒り，嫌悪，軽蔑，恐怖などの感情が向けられる「陰性転移」(negative transference) とがある。

とくに学校カウンセリングを行う場合には，カウンセラーは，クライエントとの「心理的距離*」(psychological distance) を一定に保ちながら，クライエントの「陽性転移」を活用して，カウンセラーへの「同一化*」や「自己直面」(confrontation) を押し進めていき，クライエントの心の問題の解決をはかるのが一般的ではないかと思われる。

では，「陰性転移」が生じた場合には，どのような対応をするのが適切であろうか。その対応としては，クライエントの自我の強さ*の程度に応じて，2点が考えられる。

自我の弱いクライエントの場合には，カウンセラーは，クライエントの陰性転移感情を十分受容しながら，カウンセラーに対しての陽性転移感情が生じてくるまで根気強く待つことが必要である。また，自我の強いクライエントの場合には，カウンセラーは，クライエントの陰性転移感情を「明確化」していき，その感情がなぜ生じているのかをふたりで話し合っていくことが必要である。たとえば，カウンセラーが，「君は，最近の面接で僕に強く攻撃してくるね。どうしてかな」というふうに聞いていき，クライエントに自ら生じている陰性転移感情を気づかせることも必要である。

一方，カウンセラー自身は，クライエントに転移感情が生じた際には，自らの「逆転移*」を洞察することも必要である。人間関係は，他者との相互作用であることから，自らの他者への関わり方や自らの個性をまず知ったうえで生徒と関わるというねらいが，逆転移の洞察である。

表52は，カウンセラーが，「逆転移*」を洞察するための自問項目である。カウンセラーは，この項目を自問自答していき，クライエントに対してなぜ転移感

表52 「逆転移」に気づくための自問項目 (Boy, A. V. et al., 1963)

(1) 私は,クライエントについてほんとうはどう感じているだろうか。
(2) 私は,クライエントに会うのを楽しみにしているだろうか。
(3) 私は,クライエントを過度に同一視したり,気の毒に思ったりしていないだろうか。
(4) 私は,クライエントにいきどおりやしっとを感じていないだろうか。
(5) 私は,クライエントにうんざりしていないだろうか。
(6) 私は,クライエントをかばったり,拒否したり,ないしは罰したいと思ってはいないだろうか。
(7) クライエントは,私の知っている,あるいは知っていた誰かに似ていないだろうか。
(8) 私が今こんなふうに感じているのは,クライエントの何からなのだろうか。
(9) 私は,ほんとうに無私無欲だろうか。
(10) 私は,クライエントの気づかれないところで彼(彼女)をコントロールしたがっているのではないだろうか。クライエントの人生を操作したいと思っているのではないだろうか。
(11) 私は,クライエントの問題を受け入れることができるだろうか。あるいは,それは私にはけっしてうまく扱えないような類の問題ではないだろうか。
(12) 私のクライエントに向かう態度は,果たして客観的なのだろうか。

情が生じているのかを吟味・検討していく必要がある。

(c) 抵抗の対応　クライエントは,カウンセリング過程で,パーソナリティが変化していく際,「このままの自分でいたい」という無意識の力が働くことが多い。この現象を精神分析療法では,「抵抗」(resistance)とよんでいる。たとえば,沈黙,話のうわすべり,感情抜きの話し方,話題の転換,面接の遅刻,欠席,面接時間の間違いなどがあげられる。

カウンセラーは,クライエントに「抵抗」が生じた場合には,クライエントの態度や行為を責めるのではなく,それがなぜ生じているのかを理解することが重要である。表53は,抵抗の種類と対応をまとめたものである。

学校カウンセリングを行う場合には,カウンセリング初期の「来談抵抗」((a)の来談動機の希薄なクライエントへの対応を参照),カウンセリング中期の「自己が変化することの抵抗」,カウンセリング後期の「カウンセラーとの分離抵抗」(表56を参照)などが生じやすい。

(d) 直面を促す方法　学校カウンセリングの目標を生徒自身の自己変化という点に定めた場合,表53に示したさまざまな「抵抗」が生じやすい。クライエントは,カウンセリング過程で本当の自己に「直面」して,これらの「抵抗」を克服していかなければならない。

表 53 カウンセリング過程での抵抗の種類と対応 (前田, 1976を修正)

カウンセリング過程	種 類	内 容	対 応
初 期	来 談 抵 抗	第Ⅰ章・第Ⅴ節の(5)と第Ⅶ節の(8)の (a) を参考	
初 期	抑 圧 抵 抗	不安や苦痛をともなう感情や記憶を抑圧すること 例「もう話すことがありません」 「話してもつまらない」	クライエントにとって話しやすい話題から始めて, ラポール*を成立させること
中 期	超 自 我 抵 抗	クライエントのもつ厳しい罪悪感や自己懲罰によって, 自らの症状や問題行動をますます悪化させること	クライエント自身の罪悪感や自己懲罰についてを「明確化」させていく
中 期	自我同一*性抵抗	カウンセリング過程でクライエント自身の「自我同一性*」がゆさぶられて, それを失うことに対する抵抗 例「この面接を始めてから,自分がますますわからなくなりました」 「前回の面接のあと,クラス委員は絶対にやめまいと思った」	各回ごとにクライエントの揺れ動く「自己イメージ」を「明確化」させながら, クライエントに体験を通して自信をつけさせていく
後 期	反 復 強 迫 抵 抗	クライエントに成長のきざしが生じてきた頃,カウンセラーに対して幼児的な依存欲求を示すこと 例「自分は,もう治らない気がする」 「先生ともっと話してみたい」	ある程度自我の強い*クライエントの場合には, クライエントのもつ依存性やカウンセラーからの「分離不安*」を指摘してもよいが, 自我の弱いクライエントの場合には, 根気強くクライエントの自我を支えたり, 自我の訓練を行っていく
後 期	疾 病 利 得 抵 抗	身体症状をともなうクライエントに多く,クライエントに新しい身体症状が現われたり, あるいは身体症状の悪化が見られること	

注:「自我同一性」については, 表78を参照。「疾病利得」については, 表110を参照。

　一般には, カウンセラーは, 表44に示した「明確化」をくり返して, クライエント自らが本当の自己に「直面」できる時期を待つことが多いが, それでもクライエントが「直面」を避ける場合には, 表54に示すクライエントに「直面」を促す方法を試みることが望ましい。

　こうして, クライエントに本当の自己のあり方を直面させて, クライエントは, あるがままの自分を素直に受け入れるようになっていくのである。

(e) 依存と行動化の対応　クライエントのカウンセラーに対する「依存欲求」への対応としては, つぎの3つの態度が考えられる。(1) 相手の欲求を支持し, 受けいれ, 時には満たしてやる, (2) 欲求を「明確化」し,

表54 クライエントに直面を促す発言例

カウンセリング過程	直面の種類	発　言　例
初　期	問題意識の直面化	○「学校へ行けない自分をどう思いますか」 ○「無理にカウンセリングルームにつれて来られたのはどうしてかな」 ○「なぜ○○○をしてしまったのかな」
中期と後期	親，教師，友人との関係についての直面化	○「A君との関係について，もう少し具体的に教えてください」 ○「この間，話してくれたお母さんとのことはどうなったんですか」 ○「むしろB先生とのことが私には気がかりですが……」
	クライエントの不自然な態度や矛盾した話についての直面化	○「その気持ちの表現は，私には不自然にとれるが」 ○「この間は，お母さんがいやだといっていましたが，今日はちがうんですね」 ○「A君とのことを話すといつも泣きだしますね」 ○「いつも君は，クラスの人をそういうふうに見ているんですね」 ○「君は，そういうけれど私には実感として伝わってこないが，どうしてかな」 ○「君は，○○○といいながら，いっぽうでは△△△というが……」
	カウンセラーとクライエントとの関係についての直面化	○「この間は，あんなに話してくれたのに，今日は何も話さないんですね」 ○「面接に遅れてきたのは，私が，前回に○○○といったから気になったのかな」 ○「今日は，いらだっているみたいだね。私が，その話にふれたせいかな」 ○「そのへんは，私には話しにくいのかな」 ○「面接の終わり頃になると君はいつもその話をするね。どうしてかな」 ○「君は，私にいつも○○○というね。どうしてかな」 ○「最近，私と会うと明るい表情で話すね」

自らそれを実現しようとするのを援助するか，あるいは見守る，(3) 相手の欲求と対決する。

　これらのうちのどれをとるかは，カウンセリング目標，その時点でのカウンセラーとの関係，あるいはクライエントの自我の強さや年齢などを考慮して判断する。一般にカウンセリングの初期は，ラポール形成の意味からクライエントの依存性をある程度カウンセラーが充足させる場合が多いが，ラポールが深まるとクライエントに対して (2) の態度で関わることが多い。

　とくに青年期では，クライエントの自律性や自発性を促す意味において，(2) の対応をとることが多く，ときに，クライエントの「退行」(regression，以前の発達段階にもどることをいう) をねらうとすれば (1) の対応を，あるいはクライエントの自我を固めたり，大人になる難しさを気づかせることをねらうとすれば (3) の対応をとることもある。

　表55は，カウンセリングにおいて生じやすい「行動化」(acting-out) を分類し，その対応をまとめたものである。

　「行動化」とは，クライエントが，カウンセリング場面で言語の代わりに行

表 55 行動化とその対応（長尾，1986）

行動化の種類		対応
パーソナリティ傾向からくるもの（一種の症状行為）		・行動化の意味を言語で根気強く確かめ合う（とくに，背後に悲哀感や抑うつ感が多い） ・行動化により生じる他人の迷惑について話し合う
カウンセリング関係から生じるもの	(1) カウンセラーを試す意味をもつもの（一種の演劇化）	・カウンセラーは，よき協力者・理解者であることを態度や言語で示す ・面接目標について話し合う
	(2) カウンセラーの「解釈」による傷つきから生じるもの	・「解釈」による反応についての話し合い→ラポール*を深める（カウンセラーの焦りに注意）
	(3) カウンセラーに対する接近と回避のアンビバレント*な感情を回避する意味をもつもの	・自我の強いクライエントの場合，アンビバレント*な感情をとりあげ，その明確化と直面 ・アンビバレント*な感情のうち，カウンセラーに対する「よい感情」や「接近したい感情」をとりあげる
	(4) カウンセラーに対する潜伏性陰性感情の意味をもつもの	・行動化が反復されるので，1～2回は見守るが，さらにつづけば，行動化の意味の言語化 ・「逆転移」に留意し，よいカウンセリング関係を成立させる
	(5) 終結期に見られる変化してゆく「自己」の表現として，あるいは抵抗として	・その内容は，クライエントの発達・前進的なものが多いので，それを支持しながら，変化してゆくことの「つらさ」を受容

注：「解釈」（interpretation）とは，クライエントが自分の症状，行動，態度などの無意識的な意味を洞察できるようになるために，カウンセラーが，言語的介入や指摘を行うことを意味する精神分析用語。

動で自己表現することやカウンセリング場面外で行動や態度によって自己表現することを意味する。たとえば，カウンセリングを始めて，クライエントの服装がはでになったり，粗暴になったり，友人や教師と口論をしたり，異性への恋愛感情が生じたりすることをいう。

今日，「行動化」を示す青年は多い。「行動化」は，カウンセリングにおける単なる「抵抗」現象とはみないで，むしろクライエントとの相互交流，あるいはカウンセリング過程における適応の一型式として考えられてきている。

実際には，クライエントのパーソナリティにもとづくものや，カウンセラーを試す意味をもった「行動化」が多いが，その際にしばしばクライエントに説得や訓戒が行われがちである。しかし，カウンセラーとしては，クライエントとの関係をもう一度見直して，クライエントの話をゆっくり受容的に聞きいることが重要であり，その「行動化」の背後にある欲求や衝動を理解するととも

に，クライエントに行動による衝動的な解消を「待つ」ことを覚えさせ，行動の意味を言語化させることが重要である。

〔9〕 カウンセリングの終結

カウンセリングの終結を決定する要因としては，一般に症状や問題の消失，対人関係の改善，自己洞察＊の展開などがあげられる。

とくにカウンセラーとの安心できる関係を通して，それまでの偏った父親像や母親像が修正され，そこから自尊心＊や自己への信頼感を獲得し，家庭や学校生活で，ある程度の行動の変化が生じてきた場合には，カウンセリングの終結を考慮にいれるとよい。

たとえば，不登校の青年がよくなった事例をみていくと，それまでのカウンセラーとの関係が，クライエントの仲間との関係へ移行して，カウンセリングが終結している場合が多い。また，最近の臨床心理士のスクールカウンセラーは，1回限りの面接が多いが，継続したカウンセリングを行う場合，どのような終結を行うかを考慮すべきである。

表56は，カウンセリングの終結のあり方とその留意点をまとめたものである。

表56　カウンセリングの終結のあり方と留意点

終結のあり方	留　意　点
(1) 理想的な終結 カウンセリング目標が達成され，クライエントのほうから終結のサインが出る	○クライエントにカウンセリング経験をまとめさせる ○クライエントに今後の見通しを明らかにさせる ○カウンセラーは，クライエントに「また，何か相談したいことがあったら来談してみてください」と述べる
(2) カウンセラーの終結の催促によって終結	○最終面接の2〜3回前から，カウンセラーは，クライエントに終結について打診してみる （クライエントのカウンセラーからの分離不安＊が強い場合） ○分離不安＊そのものを話題にしてみる ○カウンセラーは，クライエントのカウンセリング場面外の対人関係を重視する ○面接間隔をあけてみる ○クライエントに対する「支持」をひかえて，「表現」や「洞察＊」をはかる

第Ⅷ節　学校カウンセリングの問題点

わが国の学校カウンセリングの現状をみていくと，その問題点は山積みされているように思われる。

たとえば，(1) 教師が多忙なために生徒に対してカウンセリングを行う場所や時間を確保できないこと，(2) カウンセリングの原理である個人尊重主義と従来からの生徒指導の原理である集団尊重主義との相克，とくに学校という組織のなかでカウンセリングを行っていくうえでの生徒の秘密厳守の難しさ，(3) カウンセリングで重視される「受容」という母性原理と生徒指導で重視される「厳格」という父性原理との相克，(4) 各役割をもつ教師による生徒の心の共通理解の難しさや対応においての教師間の連携の難しさ，(5) 学校内で臨床心理士やケースワーカーや心の教室相談員によるスクールカウンセリングをどのように役立たせ，彼らとどのように連携をとっていくかなどがあげられる。

ここでは，教師のカウンセリングについての研修のあり方と臨床家からみた心の問題をもつ生徒と関わる教師の問題点をとりあげたい。

全国教育研究所連盟（1986）の調査によると，中学校教師の望む「学校カウンセリング」や「生徒指導」に関する研修内容としては，(1) 事例に即した具体的な指導方法，(2) 生徒理解の方法や手立て，(3) 教師相互の共通理解や協力の方法，(4) 学校カウンセリングの考え方や技術などがあげられている。このことから，教師はこれまでの担任制の重視や対症療法的教育を打開して，他の教師との連携をとったカウンセリング的アプローチを強く望んでいることがわかる。

そこで，筆者の経験にもとづいて，表57に教師にとって修得しやすい効果的な研修のあり方をまとめてみた。とくに研修の効果をあげるには，校内の全教師に研修内容をどのように伝えるか，また，研修が終了して1カ月後に教師どうしで研修内容についてを話し合い，それを教育実践へ活用していくことが重要である。

つぎに，学校内の教師とスクールカウンセラーや心の教室相談員と円滑な連携や協力体制を形成するために，表58に教師と臨床家との業務上の相違を，表

第VIII節　学校カウンセリングの問題点　67

表57　効果的なカウンセリング研修のあり方

⒜ 研修のメンバー 　⑴ カウンセリングについて関心をもつ学校や担当学年の異なるさまざまな教師グループ 　⑵ 校長や教頭のグループ
⒝ 効果的な人数 　10名から20名
⒞ 研修形態 　なるべく合宿形態がよい，校内研修も効果が生じる
⒟ 研修内容 　⑴ 反社会的問題行動と非社会的問題行動の2種類の事例研究 　⑵ カウンセリングロールプレイ* 　⑶ 集団討議　注：講演形態は，効果的でないことが多い，体験学習がよい
⒠ 講演形態をとる場合の講演者 　学校カウンセリング経験が豊富な教師，または臨床家
⒡ 研修後のあり方 　研修後も各メンバーとの交流を保って，協力や経験を深める

注：「反社会的問題行動」と「非社会的問題行動」については，第3章の第II節を参照。

59にその違いから生じる教師と臨床心理士の一長一短を，さらに表60に臨床心理士からみた教師の問題点を示した。

　表60の⑴と⑸に関連して，ウィックマン(1928)による研究から，臨床心理士は，非社会的問題を示す生徒を，また，教師は，反社会的問題を示す生徒を重視しやすい特徴が明らかにされている。

　また，小川(1956, 1958)の研究から，同じ教師でも非社会的行動を示す生徒を重視する教師のほうが，反社会的行動を示す生徒を重視する教師よりも親和的で協力的な学級雰囲気を形成しやすいことが明らかにされている。このように現在の学校カウンセリング上の問題点は多く残されているが，その打開策として，学校現場の教師がより効果的な学校カウンセリングに関する研修を行い，それを現場に活用させること，および臨床心理士と教師との違いを理解し，互いに助け合って学校カウンセリングを実践していくことが重要であると思われる。

表 58　教師と臨床家との業務上の相違

学校教育	心理療法*	精神科医療
教師，集団としての教師	臨床心理士*	医師，医療チーム
子ども個人，集団としての子ども	悩みをもっている個人	自分を患者だと思っている個人
毎日	40分/1週1回	3～15分/1～3週1回
1対多，集団対集団	1対1	1対1，多（チーム）対1
生活するなかでの観察・指導，さまざまな場面 教室内・外/保健室/クラブ/休み時間/給食/登下校時/行事/遠足/運動会/係活動/提出物/学力テストや作品	面接室・遊戯室	診察室
生徒指導，一般的には集団指導　必要に応じて個別指導 現実的・具体的な事実をもとに積極的に指導し，援助する　現実的な課題を設定し，段階的な課題解決に向かって努力する 現実復帰の促進のしやすさ	原則は個対個で傾聴する 内面に添いながら，本人が自分を見つめ，確かめ，受けいれ，成長していくプロセスを援助する 現実復帰への具体的援助のやりにくさ	診断・投薬・精神療法・入院治療 症状の軽減と発達上の問題のある時点からの育て直し
学年に1～3回の保護者面談　PTA	定期的な親子並行面接・家族療法など	患者への対応を原則
学年・学期の区切り	時間的制約にとらわれず，本人の成長待ちの姿勢	

第VIII節　学校カウンセリングの問題点　69

表59　教師と臨床心理士の特徴についての一長一短

	教　　師	臨床心理士
長所	○集団指導が上手 ○情熱があり，熱心である ○問題の早期発見ができる ○生徒とラポール*が成立しやすい ○家族と交流ができる ○責任感が強い ○生徒にわかりやすく説明ができる	○心の変化と長くつきあえる ○生い立ちまで考えていく ○自分の長所，欠点を教師よりよく知ってかかわっている ○生徒の情報を多く集める ○悩む生徒に共感できやすい ○1対1のかかわりが得意 ○親子関係を明らかにしていく
短所	○焦りがある。短期決戦へ持ち込む ○生徒の発達をひとり占めにしやすい ○個性が災いすることもある ○現時点の問題だけを見やすい（生い立ちを見ない） ○技法をもたない，指導のみ ○心の問題を全て怠けとみやすい	○理屈が先に立つ　技法で勝負しやすい　プライドが高い ○責任感が乏しい ○技法がまちまちである ○現実感が乏しい ○グループで人を見ることが不得意 ○非行生徒の改善が不得意 ○人の幸せを臨床心理学的見地*だけで見ていきやすい

表60　臨床心理士からみた教師の問題点とその対策

教師の問題点	対　　策
(1) 現時点の生徒の行動だけをみていきやすい	症状や問題行動がなぜ生じているのかの原因を明らかにする。少なくとも生徒の1年前はどうだったのかをとらえる
(2) 生徒本人をなおざりにして，親や他教師の情報だけで生徒を問題視しやすい	生徒本人から直接聞いた情報を重視すること
(3) 教師が，生徒の変化していく発達過程をひとりじめにしやすい	教師自身のもつ「万能感*」に気づいて，他教師や親と協力することの重要性を経験する
(4) 教師は，即効を期待し，教育実践に余裕がないことが多い	教育実践において，生徒の成長を「待つこと」の重要性を経験すること
(5) 教師を試す意味をもつ生徒の「行動化」に対して，教師の「逆転移」が生じやすい	第1章・第VII節の(8)の(b)を参照
(6) 生徒の心を旧来の「発達心理学」や「青年心理学」からとらえやすい 読書量が少ない	○新しい「心理学」分野の学習 ○時代とともに変化する青年のあり方や生き方を理解する

教師―臨床家Q&A 6

〈Q：質問（教師）〉
　学校には，多くの教師がいて，ひとりの問題生徒に対して担任，養護教師，主任，生徒指導のそれぞれの立場でとらえ方や教育方針も異なることが多いのですが，その場合，どのようにすれば共通理解や統一した方針が打ち出されるのでしょうか。

〈A：答え（筆者）〉
　たしかに学校は組織ですから，各役割，経験差，性差などから同じ生徒をとらえるにしても，さまざまな見解が生じやすい状況にあります。その場合，各教師が集まって，問題生徒について十分話し合える場（委員会）を何度も設けるべきでしょう。わが国の学校は，担任制を重視した閉鎖的な雰囲気が強いのですが，もう少し他の教師の意見やとらえ方も聞ける態度や雰囲気づくりの工夫も必要と思われます。その意味から，スクールカウンセラーの役割は重要で，スクールカウンセラーが問題生徒の共通理解のための音頭取りを行うことも必要です。

教師―臨床家Q&A 7

〈Q：質問（教師）〉

　教師歴30年の者です。私どもは非行傾向をもつ生徒に注目しがちですが，不登校など目立たない生徒に対してどのように関わればよいのでしょうか。また，怠学と不登校の違いについて教えてください。

〈A：答え（筆者）〉

　目立たない生徒が，学校で適応しているかどうかの大きな指標は，友だちがいるか，または友だちとうまくつき合っているかどうかだと思います。また，目立たない生徒に対しては，教師との１対１の交流を重視していく必要があります。このような生徒は，容易には心を打ち明けませんが，電話などをしてみると，けっこう話したりしますし，自宅訪問すると意外に別の側面がわかったりします。非行傾向を示す生徒とはまた違ってそれなりの個性をもっていますから，根気強く関わっていくと心が理解できると思います。第２の質問ですが，一般に怠学の生徒は，元気もよく，友だちも多くいて，非行傾向を示すことも多いようです。逆に不登校の生徒は，おとなしくて，友だちも少なく，登校を促してみると葛藤が生じるところに違いがあります。怠学の生徒の場合は，学校に魅力を感じれば登校も比較的にスムーズにいきます。しかし，不登校の生徒の場合は，それこそカウンセリング的アプローチが必要になってきます。最近では，怠学と不登校との区別がつきにくくなっていることは確かですね。

教師−臨床家Q＆A 8

〈Q：質問（教師）〉

　教育相談を長く行っている中学校の教師ですが，カウンセリングや心理療法の本を多く読破し，また，学校カウンセリングに関する講演を多く聞き，研修も多く受けました。しかし，その道の専門家によって学校カウンセリングの考え方や活用の方法，また治療方法も異なっており，混乱しています。本当に教育現場に役立てるカウンセリングというものはあるのでしょうか。

〈A：答え（筆者）〉

　難しい質問ですね。まず，私自身の経験にもとづいてお話しします。教師が臨床家の行うような心理療法やカウンセリングを行うことが可能かという点ですが，長年にわたり教師方々との関わりをもって，プロの臨床家が行うような心理療法やカウンセリングを行うことは不可能だと思います。それに近づくには，問題生徒のケースについて徹底したスーパービジョンを受けないと難しいようです。また，わが国の大学での教職課程にも問題があり，カウンセリングや心理療法についてを教授できる教員が少なく，ほとんど実験心理学担当の者がカウンセリングや心理療法についてを講義している点があげられます。教育現場とは直接関係のない宙に浮いた理論や概念を必須科目として教えていることにも問題を感じます。

　次に臨床家によって学校カウンセリングの見解が異なる点ですが，これについては私もわかります。私の大学院時代，精神分析，行動療法，非指示的カウンセリング，それぞれの大家の先生が在職していましたので，同じような混乱も経験しました。学校現場は，生徒に影響を与える多くの要因が存在し，それらが絡み合っています。ですから，臨床家のいう○○療法を即座に学校現場へ活用しても難しい点があります。大切なのは，臨床家の見解がすべて真理ではないという考えをもって，自分なりの学校カウンセリングの考え方を練っていくことです。また，同じ研修や講座を受けるにしても理論にもとづく技法や人間観についての一貫性を養うことが必要でしょう。私自身としては，むしろ教師方々に学校カウンセリングについての考え方を教わりたいぐらい，まだわからない点や不

備な点を多くもっています。臨床心理士は，教師の上に立つのではなく，自分の考えに疑いをもって現場の教師に教わるべきだと思っています。

第2章
青年期の心の発達と危機

第1節　大人になることとは

　心理学的にとらえて,「大人になること」とはどういうことであろうか。それは,「心の成熟」を意味している。この「心の成熟」という意味は, 臨床家のいう「自我の強さ*」という意味とほぼ同義にとらえられる。
　表61は, オルポート（1961）の「心の成熟基準」, 表62は, 前田（1976）の「自我の強さの程度をとらえる基準*」を示したものである。
　「青年期*」（adolescence）は, 児童期から成人期への転換期であり, 心が成熟していく過渡期でもある。今日,「青年期」の年齢範囲については, 一般に12歳頃から30歳頃までの時期としてとらえられており, 青年が, 大人になっていく, つまり心が成熟するまでには, 表63に示すような発達課題を解決していくことが重要であるといわれている。
　エリクソン（1959）は, 青年が, 大人になるまでに社会的役割実験を重ねる

表61　心の成熟基準（Allport, G.W., 1961）

(1) 自我感の拡張
　　他者に関心をもち, 社会に参加して有意義に関わること
(2) 他者との暖かい関係の確立
　　他者と一定の心理的距離を保ちながら, しかも他者を共感できる関係ができること
(3) 情緒の安定性
(4) 現実認知と解決のための技能をもつ
　　現実を正確に客観的にとらえて, 問題を解決できる技能をもつ
(5) ユーモアをもった自己客観化ができること
　　余裕をもって自分の姿を客観的に見られること
(6) 人生観の確立
　　将来の生活目標が設定され, それに向かって生きる力があること

表 6.2　自我の強さ*の程度をとらえる基準（前田, 1976）

(1) 欲求不満耐久度
　どの程度，がまん強さがあるか
(2) 適切な自我の防衛度
　直接に表現することが許されない欲求をどの程度社会的に受けいれられる形で表現できるか
(3) 現実吟味能力
　どの程度，現実を正確に客観的にとらえることができるかどうか
(4) 心の柔軟性
　時と場合に応じて，自由に退行*したり，緊張・集中したりすることができるかどうか
(5) 心の安定性と統合性
　パーソナリティの一貫性とまとまりがあるかどうか
(6) 自我同一性*の確立
　社会のなかで自分というものをどの程度明確に確立しているかどうか

注：(1)については第2章第Ⅴ節を参照。

表 6.3　大人になるための発達課題（Havighurst, R. J., 1953）

(1) 自分の身体を受けいれ，男性としてまた女性としての役割を受けいれること
(2) 同年輩の両性との新たな関係を学ぶこと
(3) 両親および他の大人から情緒的に独立すること
(4) 経済的な独立について自信をもつこと
(5) 職業を選択し，その準備をすること
(6) 市民的資質に必要な知的技術と概念を発展させること
(7) 社会的に責任ある行動を希求し達成すること
(8) 結婚と家庭生活への準備をすること
(9) 適切な科学的世界像と調和した自覚的な価値観を確立すること

準備期間を「モラトリアム*」（psycho-social moratorium, 心理社会的猶予期間）とよんでいるが，とくに今日の青年は，戦前の青年に比較して，この「モラトリアム」が長期に及ぶといわれている。従来からの青年心理学では，青年期において「自我同一性*」（ego identity），つまり自分自身の主体性を確立することを最大のテーマとして掲げているが，現代においては，中年期にいる成人でも自我同一性*の葛藤をもつ者が多く，大人になりきれない成人の影響から，青年期を論じる場合は，現代では自我同一性の確立というよりもそれ以前の発達課題，たとえば乳幼児期の親子関係上の発達課題や小学生時の交友関係上の発達課題が注目されている。

第II節　青年期の危機とは

　「青年期*」に関するとらえ方は，心的動揺のない平穏な時期としてとらえる見解と発達的な分岐点であり，心的動揺の激しい時期であるという見解がある。学校現場の実状をふまえると，後者の見解で青年期をとらえていくことのほうが教育的であり，また実践的でもあると思われる。「危機」（crisis）という用語は，「転換期」という意味と「危険である」という意味をふくんでいる。「青年期の危機」とは，児童期から成人期へと移行する過程で心的動揺が激しくなることを意味する青年期*について論じる場合の古き用語である。

　クレッチマー（1949）は，「思春期*」（puberty）における心身の発達の不均衡から生じる心的動揺を「思春期の危機」とよび，また，アンナ・フロイド（1958）*は，思春期での自我とエスの不均衡状態を強調している。エリクソン（1959）も青年期を「自分とは何者か*」という「自我同一性*」の確立に迫られた危機的な状況にある時期ととらえて，青年は，この「自我同一性」の危機に直面しやすく，自我が発達していくには，必然的にこの危機に直面しなければならないと述べている。このように青年期の危機については，心身の発達の均衡という視点から，また精神内界での意識と無意識という視点から，あるいは対社会・文化的な視点からというさまざまな視点でとらえられる。このような見解を整理して，長尾（1989）は，青年期の危機についての発達心理学的見地と適応と不適応をとらえる臨床心理学*的見地とを統合し，「青年期の自我発達上の危機状態」（ego developmental crisis state）という語を提唱している。

　青年期の自我発達上の危機状態とは，中学生時から高校生時にかけての親子関係における独立と依存の葛藤や自我同一性*の確立の葛藤が生じ，交友関係も困難となって，とくに自我の弱い者は，閉じこもりや精神・身体的症状をともなう不適応状態を呈することもある状態のことをいう。また，長尾（1989）は，この定義にもとづいて，実際の青年期クライエントの治療過程内容をもとにおもに青年期の自我同一性や親子関係上の葛藤を測定するＡ水準項目*と不適応状態を測定するＢ水準項目とで構成される質問紙尺度を作成している（付録参照）。以下，第III節までは，長尾（1989）の青年期の自我発達上の危機状態尺

度を用いた調査結果にもとづく青年期の危機論である。

〔1〕 青年期の自我発達上の危機状態の学校差

青年期の自我発達上の危機状態の学校差に関して，(1)学力を中心とする進学校かそうではない学校か，(2)公立学校か私立学校か，(3)人口の多い地域にある学校か人口の少ない地域にある学校かの3点から，九州の20校の中学校と高校，大学を対象に比較調査した結果，中学校の場合，青年期の自我発達上の危機状態は上記の3点において大差は認められなかった。しかし，高校の場合，青年期の自我発達上の危機状態のB水準（不適応水準）において，公立の高校のほうが私立の高校よりも得点が高いことが認められた。また，大学の場合，国立大学教育学部に所属する学生のほうが，私立大学文学部に所属する学生よりもB水準が低いことが認められた。調査した学校数が少ないことから，一般的な見解は打ち出せないが，これらの結果から，高校生と大学生の場合には，青年期の自我発達上の危機状態，とくに不適応状態は，学校における環境要因が影響していることが示唆された。

〔2〕 青年期の自我発達上の危機状態の学年差と性差

青年期の自我発達上の危機状態の学年差と性差に関して，長崎県の公立中学校，県立高校，私立の女子大学，私立の工科系大学の生徒・学生合計858名を対象に調査した結果，図13に示すように青年期の自我発達上の危機状態は，中学生と高校生とに大差は認められず，大学生の場合，危機状態得点が低減す

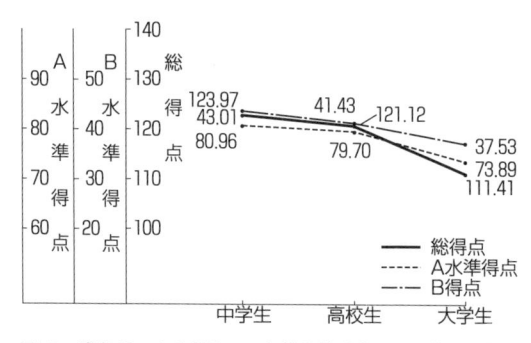

図13 青年期の自我発達上の危機状態得点の平均値の学年差

ることが明らかにされた。また，青年期の自我発達上の危機状態尺度の総得点，A水準得点，B水準得点のいずれの場合においても学年（中学生・高校生・大学生）×性差（男子と女子）の交互作用が認められた。

　この調査結果から，中学生と高校生の場合が青年期の自我発達上の危機状態が高いことが明らかにされたため，さらに調査対象を中学1,2,3年生男女と高校1,2,3年生男女に絞って学年差と性差をみたところ，高校生の場合においては，青年期の自我発達上の危機状態に学年差や性差は認められなかった。しかし，中学生の場合では，図14に示すように学年差と性差が認められた。つまり，中学生の青年期の自我発達上の危機状態は，女子の場合，第2次性徴を終えた中学2年生時頃がもっとも高まり，一方，男子の場合，第2次性徴を終えた中学3年生時頃がもっとも高まることが明らかにされた。昨今の学校現場において，中学2年生と3年生の不登校，非行，いじめなどの問題発生が多いことは，この時期の青年期の自我発達上の危機状態が高まることとも関連していると思われる。

　さらに青年期の自我発達上の危機状態のサブスケールごとに中学生の学年差と性差をとらえてみた（表64）。表64から，中学2年生時は，中学1年生時よりも緊張とその状況の回避が高まり，心を開いて話せる相手が少なくなることがわかる。また，中学3年生時になるとこの心を開いて話せる相手がさらに減り，自己の世界に閉じこもりやすいことがわかる。さらにこの3年生時は，中学1年生時と比較して，葛藤が高まり，「同一性拡散」や「親とのアンビバ

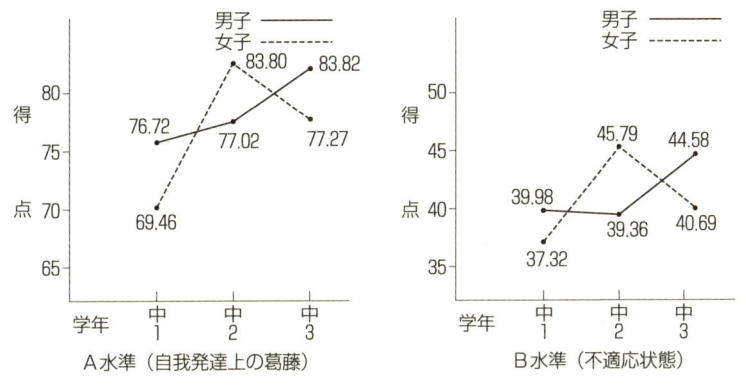

図14　中学生の青年期の自我発達上の危機状態に関する変化

表64 中学生の青年期の自我発達上の危機状態下位尺度の学年差と性差

下位項目	中1と中2	中1と中3	中2と中3	中1 男と女	中2 男と女	中3 男と女
(A) 決断力欠如					女>男 **	
同一性拡散		中3>中1 *			女>男 **	
自己収縮*					女>男 **	
自己開示対象* の欠如	中2>中1 *	中3>中1 **	中3>中2 *			男>女 **
実行力欠如						
親とのアンビバレント感情		中3>中1 *				
親からの独立と依存のアンビバレンス*						男>女 *
(B) 緊張とその状況の回避	中2>中1 *	中3>中1 **			女>男 **	
精神衰弱		中3>中1 *				
身体的痛み						男>女 *
稀な体験や精神・身体的反応						男>女 *
閉じこもり					女>男 **	男>女 *
身体的疲労感					女>男 *	
対人的過敏性						

*…$p<.05$ **…$p<.01$

レント感情*」,「精神衰弱」という状態が見られることがわかる。

　このことから,中学生の青年期の自我発達上の危機状態は,中学2年生時より始まり,中学3年生時には自己開示対象*が欠如していくことが明らかにされた。また,性差について,中学1年生時は,危機状態に大きな性差はないが,中学2年生時において女子のほうが男子よりも先に危機状態が高まり,中学3年生時では逆に男子のほうが女子よりも危機状態が高まることがわかる。危機状態内容の性差については,女子の場合,「決断力欠如」,「同一性拡散」,「自

己収縮*」,「緊張とその状況の回避」などの自らの精神内界での葛藤が中心をなしているが,男子の場合,「自己開示対象の欠如*」,「親からの独立と依存のアンビバレンス*」などの対人関係次元の葛藤が中心をなしているという差が見られる。

第Ⅲ節　青年期の危機に陥るメカニズムとその要因

　第Ⅱ節では，青年期の自我発達上の危機状態は，中学生と高校生の時期において，もっとも高まりやすいことが明らかにされた。今日の学校現場の実際問題として，どのような原因と経過から中学生や高校生は青年期の危機に陥るのか，また，中学生や高校生はどのような内容について葛藤しているのかについての疑問があり，さらに青年期の危機にいる中学生や高校生を不適応状態にまで陥らせないためにはどのように対処したらよいのかという課題解決に迫られている。このうち，青年期の危機の具体的な葛藤内容については，前節で述べた。そこで青年期の自我発達上の危機状態に影響を及ぼしている諸要因を取り出し，それら各要因がどの程度青年期の自我発達上の危機状態に対して影響を及ぼしているのかを明らかにし，青年が不適応状態までにいたる過程を明らかにしたい。

　臨床現場では，青年期クライエントに対して，どのような点を治療の着眼点として重視するかは，心理療法各流派の見解によって異なっている。図15は，ライターとストロツカ(1977)の危機状態の構造論と心理療法各流派の見地にもとづいて，青年期の自我発達上の危機状態に対して影響を及ぼす諸要因を網羅したものである。以下は，図15に示す各諸要因を測定する尺度と青年期の自我発達上の危機状態尺度を用いておもに中学生と高校生を対象とした調査結果である。

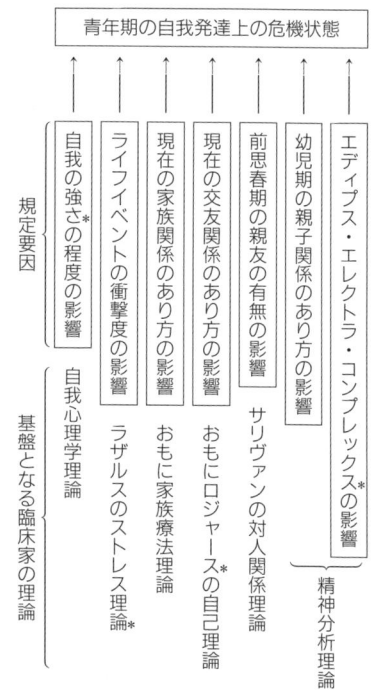

規定要因：
- 自我の強さの程度の影響*（自我心理学理論）
- ライフイベントの衝撃度の影響（ラザルスのストレス理論*）
- 現在の家族関係のあり方の影響（おもに家族療法理論）
- 現在の交友関係のあり方の影響（おもにロジャースの自己理論*）
- 前思春期の親友の有無の影響（サリヴァンの対人関係理論）
- 幼児期の親子関係のあり方の影響
- エディプス・エレクトラ・コンプレックスの影響*（精神分析理論）

基盤となる臨床家の理論

図15　青年期の自我発達上の危機状態に影響を及ぼす諸要因

〔1〕 ライフイベントの影響

「ライフイベント」（life events）とは，人生上の予期せぬ出来事を意味している。表65は，コーディントン（1972）による青年期に生じやすいライフイベント内容を示している。表65の life change units 数は，ライフイベントが生じて元の状態へ戻るための負荷量を意味する。青年期の自我発達上の危機状態は，どの程度ライフイベントの影響を受けているのであろうか。

長尾による中学生と高校生とを対象に調査した結果，表65に示すライフイベントは，中学生女子のほうが高校生よりも生じやすいこと，また，高校生の場合には，男子のほうが女子よりも学校環境の違いによってライフイベント内容が，青年期の自我発達上の危機状態へ影響を与えやすいことが明らかにされた。表65のライフイベントのうちで，もっとも回答頻度の高い内容は，「極端な成績の低下」であった。このことから，ライフイベントが，青年期の自我発達上の危機状態に陥るきっかけとなることが示唆された。

表65 ライフイベント内容 （Coddington, R. D. 1972）

ライフイベント内容	life change units 数
極端な成績の低下	4.6
友人とのトラブル（けんか）	4.7
親との激しい口論の増加	4.7
両親のけんか	4.6
学校から処罰をうけた	5.0
クラブ活動でトラブルに関わった	5.5
祖父母の死	3.6
親友の死	6.3
母親が働き始めた	2.6
家族の死	8.7
親の離婚	7.7
父親の失業	4.6
自分が大きな病気をした	5.8

〔2〕 エディプス・エレクトラ・コンプレックスの影響

精神分析療法の創始者フロイド（1905）は，青年男子の心的動揺は，幼児期

において形成され，児童期において無意識世界に潜伏されていた「エディプス・コンプレックス*」（oedipus complex）が顕在化されることに起因すると説いている。さらにフロイド（1916）は，このエディプス・コンプレックス*によって成人の「神経症」（neurosis）を生じさせているとも述べている。フロイドの弟子ユング（1913）は，青年女子の場合の青年男子の無意識世界のエディプス・コンプレックス*に相当するコンプレックスをエレクトラ・コンプレックス（electra complex）と名づけている。

　エディプス・コンプレックス*とは，男児が4歳から6歳になると，母親への愛着*と同時に父親をその競争相手として敵視するような無意識世界にある感情のことをいう。また，エレクトラ・コンプレックスとは，女児が4歳から6歳になると，自分にはペニスがないことと同時に母親にもペニスがないことに気づき，依存対象であった母親から父親へと愛着*が移り，母親が逆に敵意の対象となる無意識世界にある感情のことをいう。

　青年期の自我発達上の危機状態と無意識世界のエディプス・コンプレックス*とはどのような関連があるのであろうか。長尾による高校生140名を対象に青年期の自我発達上の危機状態尺度とフリードマン（1952）によるエディプス・*エレクトラ・コンプレックスを測定する物語記述法を用いて，2つの尺度得点の相関係数を算出した結果では両尺度得点間に有意な相関がないことが明らかにされている。

　この結果から，青年期の自我発達上の危機状態に対して精神分析学派の臨床家が唱えるほどには無意識世界の影響度は強くはないのではないかということが示唆された。

〔3〕 幼児期の親子関係のあり方の影響

　乳幼児期の親子関係のあり方が，青年期の自我発達*や適応まで影響を及ぼすという見解は，従来から発達心理学や精神分析学派の臨床家によって強調されている。青年期の自我発達上の危機状態も幼児期の親子関係のあり方が強く影響を及ぼしているのであろうか。この点を明らかにしていくために，長尾は，中学・高校生150名に対して，青年期の自我発達上の危機状態尺度と4歳～6歳時（幼稚園，保育園時）を回顧させた両親イメージ尺度とを実施した。両尺

第Ⅲ節　青年期の危機に陥るメカニズムとその要因

度得点の相関係数を父親と母親別にまとめたものが表66と表67である。

表66から，青年期の自我発達上の危機状態，とくに親子関係や自我同一性の葛藤は，幼児期において父親が情緒的に不安定であったというイメージ，あるいは父親が支持的ではなかったというイメージと関連があることがとらえられた。また，表67から，男子の場合では，青年期の自我発達上の危機状態に対して，幼児期において母親が情緒的に安定していたかどうかが大きな影響を及ぼしているのではないかということがとらえられた。また，女子の場合，青年期の自我発達上の危機状態，とくに不適応状態は，幼児期において母親が支配・介入しすぎたことと関連をもつことがとらえられた。

このことから，幼児期における安定した親子関係のあり方が青年期での心的動揺を防ぐことが明らかにされた。

表66　幼児期の父親のイメージ尺度得点と青年期の自我発達上の危機状態尺度得点との相関係数

親イメージ尺度＼危機状態尺度	男子			女子		
	A水準	B水準	総得点	A水準	B水準	総得点
情緒的支持	−.56 **	−.50 **	−.59 **	−.27 *	−.21	−.28 *
情緒的不安定	.54 **	.04	.39 *	.23 *	.05	.18
支配と介入	−.03	−.16	−.09	.02	.21	.10

＊…$p<.05$　＊＊…$p<.01$

表67　幼児期の母親のイメージ尺度得点と青年期の自我発達上の危機状態尺度得点との相関係数

親イメージ尺度＼危機状態尺度	男子			女子		
	A水準	B水準	総得点	A水準	B水準	総得点
情緒的支持	−.26	−.31	−.30	.02	−.17	−.05
情緒的不安定	.41 *	.39 *	.45 *	−.05	.03	−.02
支配と介入	−.24	−.08	−.20	.22	.31 **	.28 *

＊…$p<.05$　＊＊…$p<.01$

〔4〕 現在の家族関係のあり方の影響

学校現場で心の問題を示している生徒と関わると，その心の問題は，現在の交友関係のあり方，あるいは家族関係のあり方の問題に収約される。

理想的な家族とは，どのような家族のことをいうのであろうか。表68は，レヴィースら（1976）による家族の精神的健康さの基準である。表68から，なごやかな零囲気で，家族成員の価値観が互いに尊重され，自律的であり，開放的な家族が，精神的に健康であることがわかる。

表68 家族の精神的健康さの基準（Lewis, J. M. et al., 1976）

(1) 人と人とのふれあいで暖い友好的態度が示される
(2) 各人の主観的見解が尊重される
(3) 人の行動は単純な因果関係ではわりきれないという信念を成員がもっている
(4) 高度の能動性と積極性がある
(5) 家族の構造は柔軟で成員に明白な境界線があり,両親結合が決定的な役割を演じている
(6) 各人の自律性の程度が高い
(7) 感情の表現が開放的であり，共感的受容能力がある
(8) 自発性，ユーモアがあり，いじめられ役の欠如と死の話題を回避しないこと
(9) 家族が全体として自分たちに関してもつイメージと第3者がその家族を見たイメージとの一致度が高い

また，昨今の臨床現場では，家族の精神的な不健康さと子どもの心の問題内容に関連があるという立場が支持されており，心の問題をもつ子どもだけにかぎらず，その家族をもふくめた治療が注目されている。図16は，ビーバーズ（1982）による家族の精神的健康の度合と子どもの心の問題との関係を示したものである。

家族関係のあり方をとらえる尺度のなかに，オルソンら（1985）によるFACES-IIIがある。この尺度は，家族の関係を「凝集性」(cohesion)，つまり家族のまとまりの程度と「適応性」(change)，つまり家族の問題対処能力の柔軟さの程度の2軸からとらえ，図17に示すようにそれぞれ適切な水準であれば精神的に健康な家族であると評定するものである。青年期の自我発達上の危機状態は，現在の家族関係のあり方とどのように関連しているのであろうか。長尾は，のべ5校の中学・高校生372名に対して，青年期の自我発達上の危機状態尺度と上記の FACES-III を実施して，双方の関連を見た。その結果，(1)

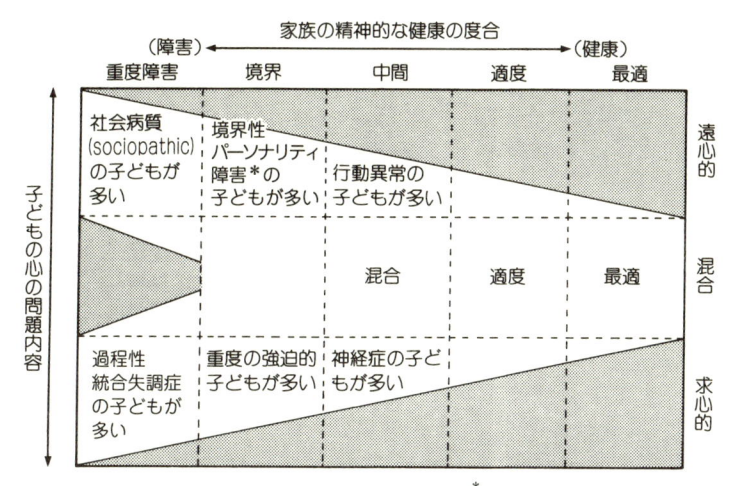

第Ⅲ節　青年期の危機に陥るメカニズムとその要因　87

家族が「遠心的」（centrifugal）とは，家族の凝集性*が弱く，バラバラであること，また，「求心的」（centripetal）とは，家族の凝集性が強く，団結力のあることを意味する

図 16　家族の精神的健康さの度合と子どもの心の問題との関係（Beavers, W. R., 1982）
注：心の問題内容については第3章を参考。

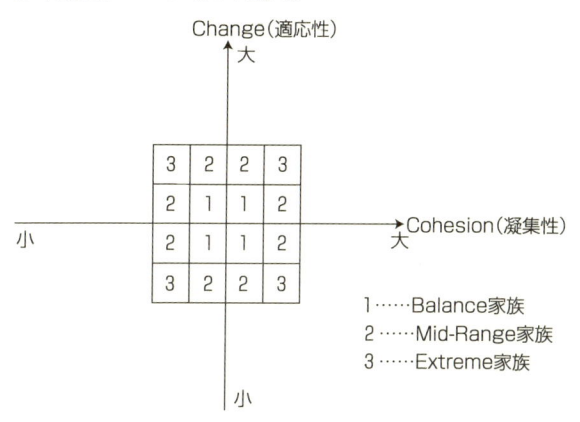

図 17　FACES の円環モデル（Olson, D. H. *et al.*, 1985）

1……Balance家族
2……Mid-Range家族
3……Extreme家族

中学生の場合，中学2年生時において家族関係のあり方をとらえる視点が変化し，家族の凝集性*について低くとらえる傾向が認められた。(2)中学生の場合，2校の調査結果から青年期の自我発達上の危機状態総得点と現在の家族関係の凝集性得点とに有意な負の相関が認められた。(3)高校生女子の場合，3校の調

査結果から学校差が認められ，青年期の自我発達上の危機状態のA水準得点と現在の家族関係の凝集性得点とに有意な負の相関が認められる学校と相関が認められない学校差が示された。また，高校生男子の場合には，2校の調査結果から，青年期の自我発達上の危機状態と現在の家族関係のあり方とは強い関連がないことが示された。

このことから，中学生時において，家族関係のあり方は大きく変化し，青年期の自我発達上の危機状態は，とくに現在の家族のまとまりの程度の影響を受けやすいことが明らかにされた。しかし，高校生の場合には，男子の青年期の自我発達上の危機状態は，現在の家族関係のあり方に強くは影響を受けず，一方，女子は，青年期の自我発達上の危機状態に対して現在の家族関係のあり方に強く影響を受ける者と受けない者とに分かれることが明らかにされた。

これらの結果から，中学生の場合，心的動揺を示す生徒に対して家族の支えが重要であることが示唆された

〔5〕 交友関係のあり方の影響

サリヴァン（1953）は，彼の臨床経験をもとに青年期以前の「少年・少女

表69 サリヴァンの青年期までの対人関係論（Sullivan, H. S., 1953）

時　期	年　齢	特　徴
少年・少女期	6歳頃〜8歳頃	○競争し合ったり，仲間のために犠牲になったりする ○give and take という形の「協力」(cooperation) が成立する ○ある程度の自己評価や他者評価ができる
前思春期	8歳頃〜13歳頃	○同性の友人と「親密感」(intimacy) が生じて，「親友」(chum) を形成する ○親友と安心感や満足感が充足でき，個人のもつ価値観を相互に確認し合う「協同」(collaboration) ができる ○親友からの評価を取り入れて，「人格化」(personification)，つまり自分の個性をつくる能力が生じる ○この時期に親友ができなければ，以後の自我の発達に大きな支障をまねきやすい
青年期	13歳頃〜22歳頃	○性欲をともなった異性に対する親密感が生じる ○異性対象も特定の人へと変化していく ○異性との安心感，自尊感情を一定に保った関係が維持できると，個人の性欲，安心感，親密感の3点は統合できる

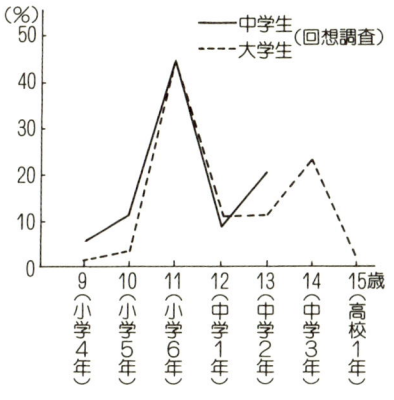

第Ⅲ節 青年期の危機に陥るメカニズムとその要因 89

図18 仲間を形成する年齢（小林，1968）

期」から「前思春期」にかけての交友関係に注目しており，この時期の交友関係のあり方が，青年期以後のパーソナリティ形成や社会適応に大きな影響を及ぼすことを強調している。表69は，サリヴァンによる青年期までの「対人関係論」（interpersonal theory）をまとめたものである。

表69に示したサリヴァンの「前思春期」に関する見解は，図18の小林（1968）による中学生と大学生を対象とした仲間を形成する年齢の回想調査結果からも支持できる。

一般に，11歳頃から13歳頃は，成人から干渉されず，自分たちだけで支配し，自由に活動できる仲間集団を強く求める「ギャングエイジ」（gang age）といわれている。この時期の活動範囲は広く，スポーツ，採集，冒険，探険などの適応的なものから，集団非行などの反社会的なものまでに及ぶ。しかも形成された集団は，他の集団や成人に対して対立的・秘密的な態度を示し，「集団の凝集性」も高い。この時期に，各成員は，集団活動を通して，対人関係のパターンや技術，集団への忠誠や同調などの社会性の多くの面を発達させていくのである。

しかし，今日では，ギャング集団の成員の少数化や自然の偉大さ，神秘さ，美しさに驚異を感じ，自分たちの力の限度を試そうとする勇気ある遊びの減少が目立って，仲間を思いやる気持ちや行動が見られなくなったといわれている。

心理学では，相手の気持ちを思いやることを「愛他心」とか「共感」とよび，この思いやりの気持ちから相手に何らかの援助をすることを「愛他的行動」（altruistic behavior）あるいは「向社会的行動」（prosocial behavior）とよんでいる。

表70は，アイゼンバーグ（1976）による「向社会的判断力」の発達段階を示したものである。

表70 向社会的判断力の発達 (Eisenberg, N. H., 1976)

発達段階	内　　容	学年
第1段階	快楽主義的で実益的傾向 例：相手を助けるとその後どんな報酬があるかを考える	小 学 生
第2段階	他人の要求志向 例：自分の気持ちと矛盾していても，相手の要求を受けいれる	
第3段階	紋切り型の良い子志向 例：良い行動と悪い行動をステレオタイプに分ける。良い行動とは，周囲の人に認められる行動ととらえる	
第4段階	共感志向 例：相手に対する共感的理解と自分の行動を評価できる	中 学 ・ 高 校 生
第5段階	内面化された価値観によって自分の行動を説明できる	
第6段階	第5段階が強く内面化される 例：具体的に自分の価値観，規範，義務，責任，自尊心*についてを説明できる	大 学 生

　青年期*は，表70の第4段階の「共感的志向」までに発達することが一般的ではあるが，11歳頃から13歳頃までの「ギャングエイジ」において，ギャング成員による相互作用や「遊び」の活性化が乏しい場合には，その自我の発達が，容易には第4段階まで達することができないのではないかと思われる。

　そこで長尾は，調査によって青年期の自我発達上の危機状態に対する前思春期において「親友」(chum)が存在したかどうか，及び現在の交友関係のあり方の2点の影響を明らかにした。前者の前思春期においてchumが存在したかどうかについては，表71に示すマンナリノ(1976)のchumchecklistを用いた。2校の小学6年生179名に対して，表71のchumchecklistで現在のchumの有無を問い，青年期の自我発達上の危機状態尺度を用いて「あなたは，高校生になったらどんな状態でしょうか」と青年期*を展望させて，青年期の危機状態を問うた。その結果，両尺度得点間に有意な相関が認められた。このことから，小学6年生時にchumがいない生徒は，高校生時になって適応*できないのではないかという不安が強いことが明らかにされた。さらに，のべ5校の中学・高校生340名に対して，青年期の自我発達上の危機状態尺度を用いて現在の危機状態を問い，表71のchumchecklistを用いて小学6年生時を回顧させて，「あなたは，小学6年生時に次のような友人がいましたか」と前思春期のchumの有無を問うた。その結果，中学生と高校生男子の場合には，両

第Ⅲ節　青年期の危機に陥るメカニズムとその要因　91

表71　chumchecklist

あなたの今の身のまわりに次のような友だちはいますか。

1　修学旅行のバスの中でとなりの席にすわりたい友だちがいる。
2　おとなになったら何になりたいと話し合える友だちがいる。
3　自分の家に来てとまる友だちがいる。
4　朝，いっしょに登校する友だちがいる。
5　かわるがわるリーダーとなるようなゲームをいっしょにする友だちがいる。
6　勉強がおくれたら助けてあげたい友だちがいる。
7　夏休みなどにいっしょに旅行や遠くへ行きたい友だちがいる。
8　ドッヂボールやソフトボールなどいっしょに遊べる友だちがいる。
9　異性のことをおたがいに話す友だちがいる。
10　自分とほとんど好みがいっしょの友だちがいる。
11　おたがいの親のことを話せる友だちがいる。
12　宿題のことで家へ電話し合う友だちがいる。
13　たとえばゲームがじょうずでなくても敵方ではなく同じチームにしたい友だちがいる。
14　誰にもいえない秘密をおたがいに知っている友だちがいる。
15　いっしょにビデオを見たり，ファミコンをする友だちがいる。
16　悪いことをしていたら，そのことを悪いことだと指摘したい友だちがいる。
17　誰かにいじめられていたら助けてあげたい友だちがいる。

尺度得点間に有意な相関が認められなかった。しかし，高校生女子の場合には，青年期の自我発達上の危機状態のA水準得点と小学6年生時の chum 得点とに有意な負の相関を示す学校と有意な相関がない学校とがあることが認められた。

　これらの結果から，前思春期の chum の有無は，前思春期にいる生徒にとっては，これから迎える青年期に対するイメージに影響を与え，前思春期に chum がいない生徒は青年期において適応できないのではないかという不安が強いことが明らかにされた。しかし，実際に青年期を迎えて自我発達上の危機状態に直面した際，前思春期に chum がいたかどうかは危機状態に強くは影響を与えていないことが明らかにされた。

　次に青年期の自我発達上の危機状態と現在の交友関係のあり方との関連をとらえるために，中学・高校生340名に対して青年期の自我発達上の危機状態尺度と長尾の作成した交友関係尺度とを実施した。その結果，(1)女子の交友関係のあり方に学年差がみられ，中学生時には交友関係は活発で親密となり，高校生時にはそれが低減することが認められた。(2)中学生女子の交友関係のあり方と青年期の自我発達上の危機状態A水準とに強い関連があることが認められた。

(3)高校生の場合，交友関係のあり方に学校差が認められ，青年期の自我発達上の危機状態と交友関係のあり方とに強い関連をもつ高校の生徒と双方とに強い関連をもたない高校の生徒とがいることが認められた。

このことから，中学生の場合，既述した現在の家族関係のあり方と同様に現在の交友関係のあり方が青年期の自我発達上の危機状態に強い影響を及ぼしていることが明らかにされた。では，具体的にどのような交友関係のあり方が青年期の自我発達上の危機状態に影響を及ぼしているのであろうか。

表72は，青年期の自我発達上の危機状態総得点が，130点以上の者，つまり高得点群57名（中学生と高校生）の場合の青年期の自我発達上の危機状態尺度サブスケール得点と交友関係尺度サブスケール得点との相関係数をまとめたものである。表72から，危機状態尺度のA水準のサブスケール「自己開示対象の欠如」得点と交友関係尺度の各サブスケール得点とに有意な相関が多いことがわかる。

このことから，現在，自分の心の内容を開いて話せる対象がいないことが，交友関係上のさまざまな問題を生じさせていることが明らかにされた。この結果から，家庭や学校において，生徒自らが心を開いて話せる対象を確立していくかが精神衛生上において，重要であることが示唆された。

〔6〕 自我の強さの程度の影響

自我の強さとは，いわゆる精神的な強さのことを意味する。私たちの身のまわりで，〔1〕で既述した大きなライフイベントに直面しても難なく乗り越えて元の状態へ回復していく生徒とささいなライフイベントでもその衝撃を強く受けて心身に支障をきたす生徒とがいる事実から，生徒個人によって自我の強さの程度が異なることがわかる。自我の強さについては，生来的，気質的であるという見解と乳幼児期の親子関係によって形成されるという見解とがある。自我の強さの具体的内容については，表62に示した。

そこで長尾は，自我の強さの程度と幼児期の親子関係のあり方との関連をとらえるために，専門学校の生徒と女子大学1年生の学生104名に対して，バーロン（1953）の自我強度尺度と4歳～6歳時を回顧させた両親イメージ尺度とを実施した。両尺度得点間の相関係数は，表73のとおりであった。表73から，

第III節　青年期の危機に陥るメカニズムとその要因

表72　危機状態下位項目得点と交友関係下位項目得点との相関係数（高得点群）

危機状態尺度 \ 交友関係尺度	欠如孤独の	同調	心理的距離	被支持	共有	被指示	気楽さ	依存	信頼	理解	論争	取り入れ	尊敬	共感	親密	影響されやすい	受容	価値の共有
A水準																		
決断力欠如	-.07	.22	-.20	-.09	-.06	-.25	-.10	.06	-.05	-.05	-.04	-.20	.16	-.14	-.26*	-.06	-.06	-.26*
同一性拡散	-.19	-.29*	.13	-.12	-.25	-.09	-.15	-.16	-.01	-.17	.38**	-.01	-.14	.11	-.11	-.19	.20	-.03
自己収縮	-.20	-.22	.11	-.21	-.20	.05	.11	.03	-.32*	-.12	-.06	.04	-.14	-.07	-.04	.25	-.16	.11
自己開示対象の欠如	-.57**	-.30*	-.14	-.56**	-.21	-.12	-.28*	-.38**	-.41**	-.34*	.13	-.19	-.29*	-.16	-.40**	-.15	-.28*	-.18
実行力欠如	-.05	.14	-.07	.11	.11	.02	-.04	-.10	-.09	-.05	.04	-.25	.19	-.10	-.05	-.21	-.13	.16
親とのアンビバレント感情	.07	-.15	.14	.09	.08	-.22	.13	-.09	.14	.08	.12	-.14	.05	.26*	.10	.22	.04	
親からの独立と依存のアンビバレンス*	-.01	-.19	-.03	-.06	.06	-.06	.10	-.09	-.03	.01	-.01	.25	-.20	-.02	.07	.01	.09	-.06
B水準																		
緊張とその状況の回避	-.06	-.13	.08	-.04	-.07	-.12	-.01	-.16	-.05	-.07	.13	-.03	-.10	.17	.14	.07	-.09	.12
精神衰弱	.03	-.03	.23	.01	-.25	.06	-.17	.02	-.17	-.14	.02	.10	-.06	-.04	.02	.08	-.15	.06
身体的痛み	.16	-.12	.05	.09	-.07	-.24	.05	.06	.07	.10	-.07	.22	-.07	.04	.36**	-.08	-.15	
稀な体験や精神・身体的反応	-.07	-.19	-.04	-.01	.11	.01	.19	.05	-.03	-.07	-.05	.05	.27*	-.04	-.12	-.04	.16	
閉じこもり	.20	.15	.01	.16	.12	.13	.17	.05	.15	-.01	.03	.04	.20	-.04	.25*	-.01		
身体的疲労感	-.15	-.07	-.20	-.14	.02	.21	-.07	.05	.09	-.11	.10	-.04	-.06	-.04	.09			
対人的過敏性	-.12	.04	-.01	-.01	-.31*	.02	.20	-.01	-.38**	.06	-.32*	.08	-.13	-.25	-.02	.12	-.01	.03

*…$p<.05$　**…$p<.01$

表73　自我強度尺度得点と幼児期の親イメージ尺度得点との相関係数

性	男子			女子			全体		
幼児期の親イメージ	支持	不安定	支配介入	支持	不安定	支配介入	支持	不安定	支配介入
相関係数	-.34	.42*	.07	.01	-.01	.28*	-.06	.09	.24*
	-.19	.12	-.05	-.08	.08	.12	-.11	.08	.08

注：上欄の数値は，幼児期における母親イメージとの相関係数，
　　下欄の数値は，幼児期における父親イメージとの相関係数を示す。　　*…$p<.05$

男子の場合，幼児期において母親が情緒的に不安定であったことと現在の自我の弱さとを関連づけていること，また，女子の場合，幼児期において母親が支配・介入しすぎたことと現在の自我の弱さとを関連づけていることが明らかにされた。

このことから，自我の強さ*の形成に関して，幼児期の母親の養育態度*が影響を及ぼしていることが示唆された。

青年期の自我発達上の危機状態は，生徒の自我の強さ*の程度がどの程度影響を及ぼしているのであろうか。双方の関連について，長尾は，青年期の自我発達上の危機状態尺度とバーロン（1953）の自我強度尺度とを中学・高校生477名に対して実施した。その結果，両尺度得点間で高い有意な相関が認められた。この結果では，学年や性差，学校差はなくどの学年も男女を問わず高い相関係数が認められた。このことから，青年期の自我発達上の危機状態に対して個人のもつ自我の強さ*の程度が強く影響を及ぼしていることが明らかにされた。

自我の強さ*の内容のうち，具体的にどのような点と青年期の自我発達上の危機状態は強く関連しているのであろうか。表74は，上述した結果のうち高校生322名の青年期の自我発達上の危機状態尺度サブスケール得点と自我強度尺度サブスケール得点との相関係数をまとめたものである。表74から，自我強度尺度の「現実感覚の欠如」得点が，青年期の自我発達上の危機状態尺度の多くのサブスケール得点と有意な相関があることがわかる。

このことから，「現実感覚の欠如」が青年期の危機に大きな影響を及ぼしていることが示唆された。臨床現場においても青年期クライエントに対して，「現実吟味能力」（reality testing）を育成していくことは大きな課題であり，また，実験心理学分野でも正確な「認知」（cognition）の発達について注目されている。青年の現実吟味能力は，時間をかけて育成されるものであり，それは，自らの生の経験をとおして自らの主観的世界，幻想，高すぎる理想，空想を脱皮していくものである。

表74 青年期の自我発達上の危機状態尺度得点と自我強度尺度得点との相関係数

危機状態	自我の強さ / 身体の不健康度	道徳心の強さ	現実感覚の欠如	適応力の欠如	恐怖心の強さ
(A)決断力欠如	−.13	.04	.01	.20 **	.04
同一性拡散	.26 **	−.22 **	.42 **	.26 **	.24 **
自己収縮*	.12	.02	.06	.34 **	.13
自己開示*対象の欠如	.09	.12	.06	.24 **	−.05
実行力欠如	−.04	−.07	.13	.23 **	.04
親とのアンビバレント感情	.01	−.21 **	.12	.13	−.03
親からの独立と依存のアンビバレンス*	−.13	−.22 **	.13	.02	−.01
(B)緊張とその状況の回避	.21 **	−.24 **	.34 **	.17 *	.27 **
精神衰弱	.29 **	−.01	.39 **	.20 **	.30 **
身体的痛み	.20 **	−.15 *	.26 **	.11	.06
稀な体験や精神・身体的反応	.12	−.23 **	.27 **	.11	.16 *
閉じこもり	.18 *	.07	.12	.13	.18 *
身体的疲労感	.28 **	−.18 *	.30 **	.21 **	.14
対人的過敏性	.11	.11	.08	.04	.12

* … $p<.05$　　** … $p<.01$

教師―臨床家Q&A 9

〈Q：質問（教師）〉
　問題生徒にカウンセリングを行うと，必ず責任を転嫁して，親のせいや教師のせいにし，なかなか自分を顧みませんが，このようなことで問題が改善できるのでしょうか。

〈A：答え（筆者）〉
　自分の心の問題を直視できないのが青年期心性の特徴です。心理学では，直視することで不安が生じるために「防衛*」しているととらえます。その際，直視できるような教師との深いラポール*の形成とゆとりをもった話し合いが必要となります。生徒自身もうすうす自分の問題に気づいているのですが，教師との手前上，問題を直視しなかったり，「否認」しやすいようです。少しずつ問題に気づかせて，問題を解決・改善していくような前向きの態度を育成していく教師によるサポートが大切だと思います。

〔7〕 青年期の自我発達上の危機状態はどのようにして生じるのか

　以上，青年期の自我発達上の危機状態に対して〔1〕～〔6〕までの各6要因の影響度について述べてきた。そこで青年期の自我発達上の危機状態に対してこれらの要因のうち，どの要因がもっとも強く影響を及ぼしているのかを明らかにし，青年期の自我発達上の危機状態にいたるメカニズムについて説きたい。その手順として，青年期の自我発達上の危機状態は，A水準（自我発達上の葛藤状態）とB水準（不適応状態）との2つの観点で構成されていることから，先にA水準についての理論の検証を，次いでB水準についての理論の検証を，最後にA水準とB水準との関連についての検証を行いたい。

　青年期の自我発達上の危機状態に対して，ライフイベントの衝撃度，幼児期の親子関係のあり方，現在の家族関係のあり方，前思春期の chum の有無，現在の交友関係のあり方，自我の強さの程度の6要因のうち，どの要因がもっとも影響を及ぼしているかをとらえるために，中学・高校・大学生と専門学校の生徒ののべ595名を対象に既述した青年期の自我発達上の危機状態尺度と各要因の程度をとらえる測定尺度を3回に分けて実施した。この結果をもとに青年期の自我発達上の危機状態得点を基準変数とし，各要因の測定尺度得点を予測変数として重相関係数，および標準偏回帰係数を算出した。その結果の標準偏回帰係数にもとづく，青年期の自我発達上の危機状態に対して影響を及ぼす要因の強さの順位をまとめたものが図19である。

(a) **青年期の自我発達上の危機状態　A水準についての理論の検証**　青年期を論じる際，その親子関係のあり方を重視するか，それとも交友関係のあり方を重視するかが大きな課題となる。青年期の自我発達に関して，現在の親子関係のあり方と交友関係のあり方との対人次元からみた理論については，次の3つに大別される。

　その1つとして，「拮抗力理論」（cross pressure theory）があげられる。この理論では，青年期の親子関係のあり方と交友関係のあり方とは拮抗しており，親子関係につまづいた青年は，交友関係へと展開し，逆に交友関係につまづいた青年は，親子関係のみにとどまりやすいというものである（ブリティン，1963など）。2つ目に前思春期の交友関係のあり方を重視するサリヴァン（1953）に代表される「二つの世界理論」（two worlds theory）があげられる。

この理論では，親子関係と交友関係とは別個の質のものであり，前者は，上下の関係，後者は対等な関係であるととらえている。とくに前思春期は，親子関係から交友関係へと移行していく重要な時期ととらえている。3つ目に乳幼児期の親子関係のあり方が基盤となって，交友関係において自我の「社会化」が展開されるという「社会化理論」(socialization theory) があげられる。この理論では，乳幼児期の親子関係のあり方を重視し，とくに親が「愛着*」(attachment) を子どもに与え，そのことが情緒的安定感を形成させて，交友関係上の社会化は展開されやすいととらえている（ラドケ-ヤーロウら，1983）。青年期の自我発達上の危機状態A水準（自我発達上の葛藤状態）は，これら3つの理論のうち，どの理論によって説明できるのであろうか。

理論の検証において，次のような仮説が立てられる。「拮抗力理論」によって青年期の自我発達上の危機状態A水準を説明できるのであれば，青年期の自我発達上の危機状態A水準得点に対して，既述した6要因の測定尺度得点のうちで現在の交友関係のあり方，あるいは現在の家族関係のあり方を測定する尺度得点がもっとも影響を及ぼしているであろう。また，「二つの世界理論」によって青年期の自我発達上の危機状態A水準を説明できるのであれば，青年期の自我発達上の危機状態A水準得点に対して，既述した6要因の測定尺度得点のうちで前思春期の chum の有無を測定する尺度得点がもっとも影響を及ぼしているであろう。さらに「社会化理論」によって青年期の自我発達上の危機状態A水準を説明できるのであれば，青年期の自我発達上の危機状態A水準得点に対して，既述した6要因の測定尺度得点のうちで幼児期の親子関係のあり方と現在の交友関係のあり方を測定する尺度得点がもっとも影響を及ぼしているであろう。

以上の仮説をふまえて，図19に示す結果を見ていくとどのようなことがいえるであろうか。図19から，青年期の自我発達上の危機状態A水準は，自我の強さ*の程度，現在の交友関係のあり方，幼児期の親子関係のあり方の順で強く影響を及ぼされていることがわかる。

このことから，青年期の自我発達上の危機状態A水準は，「社会化理論」によって説明できることが明らかにされた。すなわち，青年期の親子関係上の独立と依存の葛藤や自我同一性*確立の葛藤は，幼児期の親子関係のあり方が基盤

となってそれがその後の交友関係の社会化へと展開していく過程での問題としてとらえていくことが重要であることが示唆された。

(b) **青年期の自我発達上の危機状態 B水準についての理論の検証**　「適応*」(adjustment) と「不適応」(maladjustment) についての理論は, 臨床家にとって拠って立つ基盤となる。今日の心理療法の現状は, さまざまな適応*理論が提唱され, またそれにもとづいてさまざまな療法が乱立している。これらの適応*理論を大別すると次の3つがあげられる。

　その1つとして, フロイド*に始まる精神分析理論があり, この理論は, クライエントの無意識に潜む内容やその力を重視し, 不適応は, この無意識世界に

```
                青年期の自我発達上の危機状態
                  │              │
                  ▼              ▼
        ┌─────────────┐  ┌─────────────┐
        │  A水準得点   │--1回目 r=.57--│  B水準得点   │
        │(自我発達上の│--2回目 r=.47--│ (不適応状態) │
        │   葛藤)     │    **        │              │
        └─────────────┘              └─────────────┘
          │                              │
          ▼                              ▼
    ┌──────────────────┐      ┌──────────────────┐
    │(2)現在の交友関係の│      │(2)ライフイベントの│
    │     あり方        │      │    衝撃度         │
    │(3)幼児期の親子関係│      │(3)幼児期の親子関係│
    │     のあり方      │      │     のあり方      │
    └──────────────────┘      └──────────────────┘
              │                          │
              └──────────┬───────────────┘
                         ▼
              ┌──────────────────┐
              │(1)自我の強さの程度│
              └──────────────────┘
```

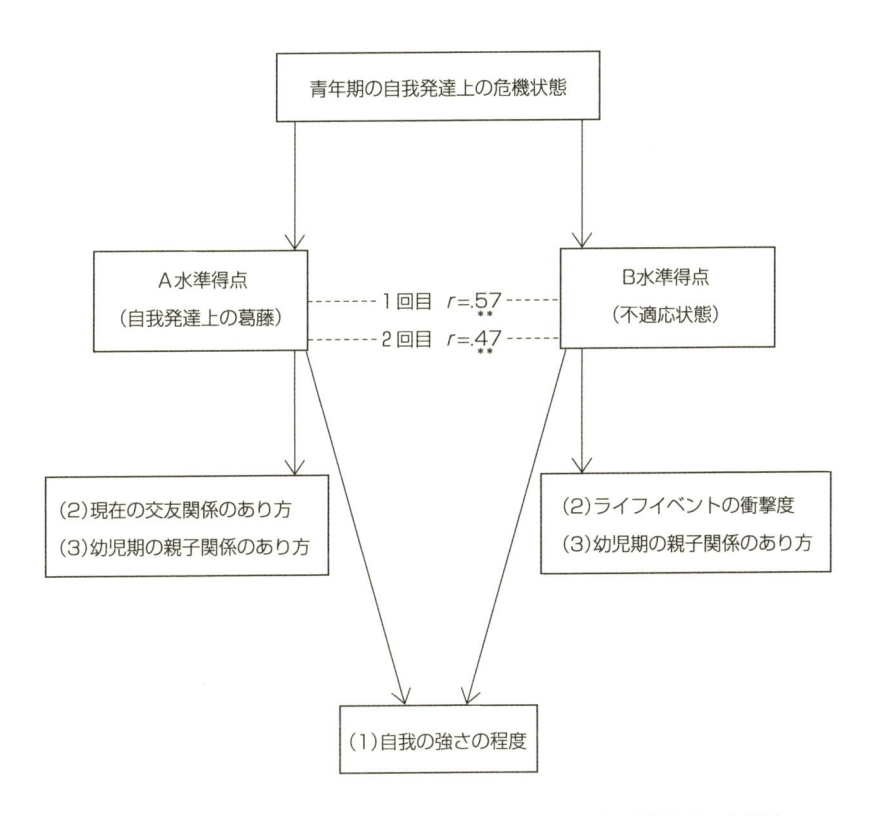

図19　青年期の自我発達上の危機状態A水準得点, B水準得点に影響を及ぼす要因

　　　注:（ ）内の数値は, 標準偏回帰係数の高い順位を示す　＊＊……$p<.01$

よって引き起こされる「防衛機制*」(defense mechanism)のまずさから生じると説いている。2つ目にロジャース*による「自己概念」(self concept)と「経験」(experience)との不一致が不適応をまねくという適応理論*があげられる。この理論は，クライエントの他者と共感できる対人関係のあり方や自己内の「理想自己」(ideal self，あるべき自分)と「現実自己」(real self)との一致という点を適応の基準としているところに特徴がある。3つ目にラザルスらによる「ストレス理論*」(stress theory)があげられる。この理論は，「刺激」(stressor, life events)，「反応」(behavior, symptoms)，「個体の特性」(personality characteristics)の3要因に分け，ストレス過程は，環境刺激である「ストレッサー」(stressor)によって喚起され，個体の心理特性によって媒介され，ストレスへの「対処方略」(coping*)によって適応または不適応反応が引き出されるというものである。青年期の自我発達上の危機状態B水準（不適応状態）は，これら3つの理論のうち，どの理論によって説明できるのであろうか。理論の検証において，次のような仮説が立てられる。

「精神分析理論」によって青年期の自我発達上の危機状態B水準を説明できるのであれば，青年期の自我発達上の危機状態B水準得点に対して，エディプス・エレクトラ・コンプレックス*得点，及び既述した6要因の測定尺度得点のうちで幼児期の親子関係のあり方を測定する尺度得点がもっとも影響を及ぼしているであろう。また，ロジャース*による適応理論によって青年期の自我発達上の危機状態B水準を説明できるのであれば，青年期の自我発達上の危機状態B水準得点に対して，既述した6要因の測定尺度得点のうちで現在の交友関係のあり方，あるいは現在の家族関係のあり方を測定する尺度得点がもっとも影響を及ぼしているであろう。さらに「ストレス理論*」によって青年期の自我発達上の危機状態B水準を説明できるのであれば，青年期の自我発達上の危機状態B水準得点に対して，既述した6要因の測定尺度得点のうちで自我の強さの*程度，あるいはライフイベントの衝撃度を測定する尺度得点がもっとも影響を及ぼしているであろう。

以上の仮説をふまえて，図19に示す結果を見ていくとどのようなことがいえるのであろうか。図19から，青年期の自我発達上の危機状態B水準は，自我の強さの*程度，ライフイベントの衝撃度，幼児期の親子関係のあり方の順で

強く影響を及ぼされていることがわかる。

このことから，青年期の自我発達上の危機状態B水準は，「ストレス理論*」によって説明できることが明らかにされた。すなわち，青年期の閉じこもりや不登校，あるいはさまざまな精神・身体的反応を示す不適応状態は，予期せぬライフイベントがきっかけとなり，そのことが自我に衝撃を与えて引き起こされるという過程としてとらえていくことが重要であることが示唆された。

(C) **青年期の自我発達上の危機状態**
A水準からB水準への心理的過程　　青年は，自我発達上の葛藤状態からどのようにして不適応状態に陥るのであろうか。長尾による健常中学・高校生を対象とした調査結果では，ラザルスとフォークマン（1984）によるストレス過程システム理論にもとづく図20に示す仮説が支持されている。図20の(1)の場合，つまり特別なライフイベントがなくても不適応状態に陥る過程については，青年期の親子関係上の葛藤や自我同一性の確立の葛藤（A水準）が高まり，自我が弱いゆえに，また自分を責めるという対処行動を用いやすいために不適応状態（B水準）に陥ることが明らかにされた。また，図20の(2)の場合，何らかのライフイベントが生じて，その衝撃が自我に影響を与え，自我の強さの程度に応じてライフイベント衝撃度は相互作用し，その結果，本来，潜在していた青年期の自我発達上の葛藤を増大化して不適応状態に陥ることが明らかにされた。この(2)の場合も不適応に陥る青年は，その対処行動として「自責」の頻度が高いことが明らかにされている。長尾（2005）の研究結果では，1990年代の青年は，全体の約30％が青年期の自我同一性の確立や親子関係上の葛藤をもち，そのうちの約30％が不適応に陥るというものである。

青年が用いやすい対処行動の種類としては，表75に示すものがあげられ，長尾による調査結果では学年と性別の対処行動の頻度順位は，表76のとおりであった。このようなことから，青年期の自我発達上の危機状態から不適応状態へと陥らせないための予防策として，(1)極端な成績の低下を生じさせないような学校現場での対策と工夫，(2)「自責」という対処行動から「相談」や「楽観的志向」，または「昇華」などの対処行動への変容，(3)いかにして生徒の自我の弱さを強化していくかの指導や工夫などが重要であることがあげられる。

(1) 特別なライフイベントがなかった場合
　自我の強さの程度→危機状態Ａ水準の葛藤（自我発達上の葛藤）→危機状態Ｂ水準（不適応状態）
　　　　　　対処行動は，「自責」
(2) ライフイベントがあった場合
　　ライフイベントの衝撃度
相互作用　↓↑　——→　危機状態Ａ水準の葛藤（自我発達上の葛藤）
　　　　　　　　　　→危機状態Ｂ水準（不適応状態）
　　自我の強さの程度
　　　　対処行動は，「自責」

図20　青年期の自我発達上の危機状態Ａ水準からＢ水準へ経過していく過程

表75　対処行動の種類

項目内容	下位尺度
他人（親，きょうだい，教師など）にうちあたる 周囲の者へのあたりちらしやすい	他責
自分をよく反省して責める 気分がおちこみやすい	自責
誰かに相談をする 親や友人に話を聞いてもらう	相談
ことの成りゆきにまかせる どんなことでも別に何とも感じない	感情の分離
いやな出来事を忘れようと努める いやなことを思い出さないようにする	抑制
勉強や家の手伝いなどにうちこむ 趣味（テレビやゲーム）やスポーツにうちこむ	昇華
人生は悪いことばかりではないと楽観的に考える 今後はよいことがあるだろうと考える	楽観的志向
どうしたらよいかの対策を真剣に考える 原因を考え，どうしたらよいかの対策を考える	問題解決志向

表76　青年期の対処行動の頻度

学年・性	中学生男子	中学生女子	高校生男子	高校生女子
対処行動の 頻度順位	(1)相談	(1)楽観的志向	(1)楽観的志向	(1)相談
	(2)楽観的志向	(2)昇華	(2)自責	(2)自責
	(3)自責	(3)抑制	(3)昇華	(3)抑制

第Ⅳ節 高校中退と進路指導

　エリクソン(1968)は,「パーソナリティ漸成論」(epigenesis)にもとづく「生活周期」(life-cycle)を設定し,各周期ごとの心理社会的発達課題を規定している。表77は,それをまとめたものである。表77から,青年期は,「自我同一性[*]」の確立という心理社会的発達課題に迫られていることがわかる。表78は,「自我同一性[*]」を確立している者と確立されていない者の特徴をまとめたものである。

　この「自我同一性[*]」の確立の課題は,学校における「進路指導」と深く関連している。とくにスーパー(1970)と仙崎ら(1984)は,生涯にわたる心の発

表77　生活周期と心理・社会的発達課題（Erikson, E. H. の作成したものを一部修正）

	発達段階	対人関係	心理・社会的発達課題		心理・社会的様式
Ⅰ	乳児期 (〜1歳)	母性	信頼感[*]↔不信感	一極性 早熟な自己分化	希望,依存(安心,確信をもちたい)
Ⅱ	早期幼児期 (1〜2歳)	母親	自律性↔恥 疑惑	両極性 自閉	意志,独立(うまくやりたい)
Ⅲ	幼児期 (2〜6歳)	母親・父親	積極性↔罪悪感	遊戯同一化[*] (エディプス) 空想同一性	目的・役割(どんな役割をもてばいいのか) まねる
Ⅳ	児童期 (6〜12歳)	教師 友人	生産性↔劣等感	労働同一化[*] 同一性喪失	知識:技術(作りたい:学びたい)
Ⅴ	青年期[*] (12〜20歳)	両親 教師・友人	自我同一性[*]↔ 同一性拡散	・自己確信,役割実験,達成の期待,性的同一性 ・同一性意識,否定的同一性,労働麻痺・両性的拡散	自分の自覚(主体性の確立) 自分になりきる
Ⅵ	若い成人期 (30歳代)	妻・友人	親密さ↔孤立	連帯 社会的孤立	愛する,自己を見失い発見する
Ⅶ	中年期 (40歳代)	妻・友人 子	生殖性↔沈滞		いつくしむ 世話をする
Ⅷ	老年期 (60歳以後)	人類	統合性↔絶望		あるがままに存在する 英知

表7-8 自我同一性*が確立している者としていない者の相違（Erikson, E. H., 1968）

自我同一性*が確立している者	自我同一性*が確立していない者
時間の現実的な把握ができる	現実的な時間感覚の麻痺
自律した自己への信頼感をもつ	自己への確信度が弱い
自己の可能性を試そうとする	社会的「悪」に同一化*しやすい
コツコツと努力を重ねる	働く,学ぶことの感覚の麻痺
性役割観・性役割行動が確立する	性役割観・性役割行動が拡散・混乱
リーダーと成員の役割が確立する	権威の存在が拡散
自分の生活信条が明確である	あるべき理念・理想の拡散・混乱

注:「性役割」(gender role) とは,社会・文化が各々の性に対して期待する行動特性を意味する。

表7-9 職業生活の諸段階（一部略）（Super, D. E., 1970）

(1) 成長段階（誕生～14歳）
　自己概念は,家族・隣人・学校における主要人物との同一視を通して発達する。欲求と空想はこの段階の初期において支配的である。興味と能力は社会参加と現実吟味の増大にともない,この段階でいっそう重要になる。この段階の副次段階は,
　　空想期（4～10歳）　欲求中心・空想のなかでの役割遂行が重要な意義をもつ
　　興味期（11～12歳）　好き嫌いが志望と活動の主たる決定因子となる
　　能力期（13～14歳）　能力にいっそう重点が置かれる。そして職務要件（訓練をふくむ）が考慮される
(2) 探索段階（15～24歳）
　学校,余暇活動,パートタイム労働において,自己吟味,役割試行,職業上の探索が行われる。この段階の副次段階は,
　　暫定期（15～17歳）　欲求,興味,能力,価値観,雇用機会のすべてが考慮される暫定的な選択がなされ,それが空想や討論,課程,仕事などのなかで試みられる
　　移行期（18～21歳）　青年が労働市場または専門的訓練に入り,そこで自己概念を充足しようと試みる過程で,現実への配慮が重視されるようになる→特定化
　　試行期（22～24歳）　一見して適切な分野に位置づけられると,その分野での初歩的な職務が与えられる。そしてそれが生涯の職業として試みられる→充足化

達を考慮したうえでの「進路指導」を強調している。表7-9は,スーパー（1970）のいう職業生活の各段階をまとめたものである。表7-9から,青年期*は,職業の「探索段階」に相当するために,「進路指導」は,進路選択指導だけにかぎらず,広義の生徒指導が必要と思われる。

一般に「進路指導」を行ううえでの基本的なポイントとして,(1)生徒の自己理解を深めさせること,たとえば職業適性テストやパーソナリティテストを実施したり,面接を行う,(2)進路意識の啓発,たとえば先輩の体験談を聞か

せたり，アルバイトを奨励して，進路選択の重要さを気づかせる，(3) 進路情報の提供，(4) 職業観や勤労観の育成，たとえば働くことの意味や自分にとっての職業の意味をクラスのなかで討論させてみる，(5) 進路計画をたてさせる，たとえば進路目標の達成のために必要な条件や手段や計画性を明確化させるなどがあげられる。

　ところで第II節で述べたように青年期[*]は，自我発達上の危機状態に陥りやすく，そのため高校へ入学したものの，不登校を示したり，中退していく者もいる。今日の青年は，第I節で述べたように自我同一性[*]の確立のためには，相当な時間を要し，大学を卒業した時期においても表79に示す「暫定期」の段階のままで停りやすい。とくに昨今，就職難という現実もあるが，高校卒業までに具体的な希望職業を決定している者は，50％以下といわれており，また，高校を中退していく者は，10万人を越えているといわれている。また，職業が決まっても離職していく者も多く，卒業3年目での離職率は，高卒で45％，大卒でも30％に達している。その理由の多くは，「仕事が自分に合わない」というものである。

　このように今日の青年は，内面的な「自分」の形成とともに社会のなかでの自分の位置づけについて，長期の探索をしていることがわかる。したがって，中学生時や高校生時の進路指導においては，進路決定を焦ることなく，まず「働くこと」の喜び，「働くこと」の尊さを生徒に啓蒙していくことが先決であろう。と同時に学校において交友関係における「社会性」[*]の指導が重要であると思われる。

教師―臨床家Q&A 10

〈Q:質問(教師)〉

　生徒の問題解決に関わっていくとその親と関わることが多いのですが,私ども教師は,親自身の問題にどの程度関わっていけばよいのでしょうか。そのポイントを教えてください。

〈A:答え(筆者)〉

　今日,臨床現場では,子どもの問題と関わる際,その家族をもふくめた家族面接を行いますが,教師が,「家族面接」を実際に行うことは無理があるようです。また,親と関わっていく際,夫婦の問題とか姑と嫁の問題にふれていくことがありますが,できるだけ親子関係,とくに養育態度[*]の問題にしぼって親と関わっていくほうが,教師にとってはやりやすく,また,実際的だと思います。教師にとっても臨床家にとっても家族全体を変化させていくことは難しいことだと私は考えています。

教師―臨床家Q&A 11

〈Q：質問（教師）〉

高校の進路指導をしていますが，最近，「臨床心理士*」や「カウンセラー」になりたいという生徒が多いのですが，先生のような職業はどのようにしてなれるのか，またその適性というものがあれば教えてください。

〈A：答え（筆者）〉

たしかに臨床心理士になりたいという学生は増えています。「臨床心理士*」の資格は，日本心理臨床学会が制定したものがあり，そのためには臨床心理学を専攻とする大学院修了資格が必要で臨床心理士*となるための受験があります。私の経験からですが，臨床心理士*になりたい背景には2つあると思います。実際は一般市民が理解している（とくに臨床心理学関係の読書によって）心理学と大学で教えている，また研究されている心理学とは大きなギャップがありますが，臨床心理士になりたい理由の1つとして臨床心理学*関係の本を読んで大変，興味がわいたからというもの，もう1つは，青年期にいる自らの心の問題が，進路決定まで展開して臨床心理士*になりたいというものの2つです。前者の理由でめざす学生は，実際に大学で心理学を専攻して，自分の思っていたイメージとは異なっていることから，最後まで臨床心理士*になるためにがんばる学生は少ないようです。また，後者の理由でめざす学生は，自らの問題を青年期にある程度，解決して臨床心理士*になるように勧めています。この仕事は，本や講演でいわれているほどにははでなものでもなく，また，楽しいもの，直接的に社会に貢献できる職業ではありません。極端にいえば，自己愛を脱皮して，人生で生じるさまざまな欲望を捨て，他者と関わり，ともに心を漂わせるこ

とのできる人のみができる仕事です。

高い学力や優れたリーダーシップ*は，必要ありません。高校では，文科型と理科型の中間をいく生徒が向いています。とにかく地味で根気づよく，人の心をわかろうとする生徒が適性があるといえるでしょう。

第Ⅴ節　社会化の発達の促進

　第Ⅲ節で今日の青年は，交友関係のあり方に問題をもつ者が多いことが明らかにされた。つまり，乳幼児期から児童期，青年期までの「社会化」の発達において何らかの支障をきたしている者が多いと思われる。「社会化」とは，個人が集団ないしは社会の成員として必要な知識・技術・素質などを獲得していく過程であり，また，「社会性*」とは，社会化によって獲得された結果を意味する。

　よくみられる具体的な交友関係上の問題内容については，表 80 に示す例があげられる。表 80 から，交友関係上に問題をもつ青年は，自分の考えや気持ちを的確に他者へ表現できない青年群と自分の衝動を抑えることができず，他者の気持ちや立場を考えないで自己主張のみをする青年群とに分けられる。最近では，後者のタイプの生徒が，青年期に限らず幼児期や児童期においてもみられる。

　発達心理学では，場に応じて自分の考えや気持ちを的確に表現したり，あるいは自分の衝動を抑え，他者の気持ちや立場をとらえて自分の行動を制止できる能力のことを「自己制御」(self regulation) という。この「自己制御」とい

表 80　最近の交友関係上の問題例

ⓐ		自己主張ができない青年群
問題	(1)	見かけ上は，友人も多いが，友人に迎合し，友人に気をつかい，帰宅すると疲れはてる生徒
	(2)	授業中に教師からあてられることを恐れ，常に失敗をしないかと恐れる生徒
	(3)	いじめの対象となり，その事実を親や教師へ言えない生徒
	(4)	冗談が通じず，人から自分がどう見られているかを気にし，人から言われることを全て悪くとる生徒
	(5)	友人をつくりたいが，人と何を話してよいか，また友人のつくり方がわからないという生徒
ⓑ		自己抑制ができない青年群
問題	(1)	授業中も落ち着きがなく，大声で私語をしたり，教師へ不満をいう生徒
	(2)	集団である生徒をいじめて楽しみ，そのことに罪の意識をもたない生徒
	(3)	万引き，喫煙を何回もくり返し，それがやめられない生徒
	(4)	交友関係でカーッとなったら，暴力を振るい大けがをさせる生徒

う語は，臨床心理学でいう集団心理療法と対比される自らで自らの心身の調整していくことをはかる心理療法*とは異なっている。「自己制御」は，場に応じて自分の考えや気持ちを的確に表現できる「自己主張・自己実現*」能力と場に応じて自分の考えや気持ちや行動を抑えることができる「自己抑制」能力とに分けられる。心理臨床の分野では，前者の能力についてことばによる訓練が開発されているが（自己主張訓練* self assertion training），後者の能力の訓練についてはいまだとくに注目されていない。前者の「自己主張・自己実現」能力は，とくに不登校やいじめられる生徒に対して育成していく点が多く，後者の「自己抑制」能力は，俗にいうキレる生徒，非行やいじめる生徒，あるいは過食症の生徒に対して育成していく点が多い。

　柏木（1987）は，「自己制御」の発達に関して「自己主張・自己実現*」能力と「自己抑制」能力との均衡を強調しており，それぞれの能力の発達過程を図21に示している。図21から，この2つの能力の発達は，性差があり，4歳5カ月頃において発達的な分岐点があることがとらえられる。このことから，「自己制御」は，幼児期より発達し，とくに幼児期における家庭での教育や幼稚園や保育園での集団教育が重要であることがわかる。文部科学省（1998）は，幼稚園教育要領について，これまでの集団保育，課題中心の保育から，幼児の

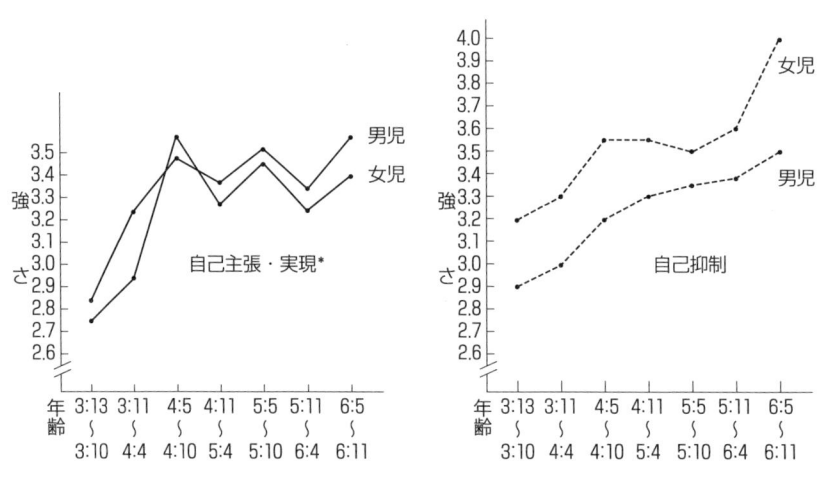

図21　二つの自己制御機能の発達（柏木, 1987）

個性を尊重し，個別の成長を保証することを強調している。この指針をふまえると，今後，とくに家庭での幼児の「自己主張・自己実現*」能力と「自己抑制」能力とのバランスを念頭においた育成が必要と思われる。

　青年生徒に対しての「社会化」発達の促進とは，結局は，「自己主張・自己実現*」能力と「自己抑制」能力とのバランスの促進であり，とくに後者の能力の促進については，従来から外から（学校側や親）の一方向的な制御によって問題が生じないような方法がとられてきたが，今後は生徒自らが自分の衝動や行動を抑制できる内的制御能力を育成していくことが必要であると思われる。そのためには，大人側が校則や法律がなぜ必要なのか，また規範や規則の意味，集団や社会はどのようにして成立するのかについて十分，理解して待つ能力を養っておかなければならない。

教師―臨床家Q&A 12

〈Q:質問(教師)〉

学校現場で生徒に対してカウンセリングを行う場合,「秘密の厳守*」と学校組織のなかで行っていることからの生徒についての報告の義務との相克に悩みます。秘密を厳守していく場合の要領を教えてください。

〈A:答え(筆者)〉

まず,私の経験からいいますと,どうしても学校側に報告したほうがよい内容の場合(とくに生徒の盗み,万引き,自殺願望の告白)には,その生徒と学校側や親に報告してよいかどうかを話し合うことにしています。その話し合いのうえで,報告してもよいという生徒の考えが明らかになれば報告して検討していきます。しかし,その生徒が報告することに同意しかねる場合には,今まで形成されてきたカウンセリング関係がたとえ破局を迎えても,報告することによって,今後,生徒の問題解決や前進,成長につながると判断できれば,強引に学校側や親にその内容を報告することをその生徒に明言することにしています。この点は,臨床心理士のスクールカウンセラーにとっても論議が多いところで生徒のプライバシーよりも親や教師との連携を重視する傾向が現在は強いが,スクールカウンセラーの実力が高まればその逆の傾向となるでしょう。このような点から,学校カウンセラーのスーパーバイザー*が必要となってくるわけです。また,それだけ学校側も「教育相談」(学校カウンセリング)を行う者は,大きな仕事を行っているのだという認識をもつことが必要だと思います。

第3章
青年期の心の問題の種類と対応

第1節 心の問題のとらえ方

　「心の問題」の「問題」（problem）とは何かについて，単一の基準で述べることは必ずしも容易ではない。教育現場では，「問題」というとらえ方をし，心理臨床現場では，「不適応」（maladjustment）というとらえ方をすることが多い。生徒のある行動や態度や言動を「問題」，あるいは「異常」（abnormality）としてとらえる場合の基準としては，表81に示す種類のものがあげられる。一般には，教師は(1)と(3)の基準から，また臨床家は(2)と(4)の基準から，「問題」，あるいは「異常」をとらえていくことが多い。

　とくに児童期や青年期*の心の問題は，成人期のそれと比較して，(1)低年齢ほど表現様式が単純である，(2)その「問題」によって生じる障害は，以後の発達に影響しやすい，(3)「問題」が，親，教師，友人との対人関係の歪んだ表現であることが多い，(4)「問題」の頻度や内容は，その時代や文化の影響によって変化していくという特徴がみられる。

　心の問題の分類に関しては，学校現場では，表82に示す内山（1963）によ

表81　問題（異常）の基準

異常の基準	説明
(1) 平均的基準（統計的）	一定の集団の中で，成員の多くが示す行動や精神状態を正常と考え，逆に平均値より一定の範囲でずれるものを異常（問題）とする
(2) 病理的基準	異常の生じる基礎に，病理的所見を考える。ただ，精神的領域の問題は，そのような所見がみられないことが多い
(3) 価値的基準（対人的）	その社会の規範に合致しない行動，もしくは，ある人の利益に反する行動をとる場合，問題性ありとする
(4) 発達的基準	人の発達基準（横断的観点と縦断的観点）にのっとり，正常か異常かを考える立場である

表 82　心の問題の分類（内山, 1963）

（行為上の問題）
(1) 社会的意義の軽微なもの
　Ⓐ とくに家庭に関連するもの
　　(i) 食事の問題(食欲過剰，食欲不振，食事作法の非礼および無頓着，食事拒否，独力での食事拒否，食物う呑み，ノロノロ食事，ムラ食，騒がしい食事，食欲倒錯（異食），食物の頬張りと吐き出し，空気嚥下（呑気症），反芻
　　(ii) 排泄の問題（大小便失禁，便秘，下痢）
　　(iii) 睡眠の問題（不眠症，睡眠不全，夜驚，うなされ，寝言，寝ぼけ歩き＝夢中遊行，不規則な睡眠習慣，就眠・覚醒の順序逆転，歯ぎしり，居眠り）
　　(iv) 性的問題(自慰，性への危惧，謙遜過剰，性への好奇心過剰，異性への関心と活動，フェティシズム，同性愛，その他の性的非行ないし違犯)
　　(v) 神経性習癖（身体各部の玩弄，指なめ，鼻つまみ，口に物を入れる，爪かみ）
　　(vi) 癇癖（息とめ，せんさく過剰，奇矯行動，気分易変，不従順，頑固，厚顔，親・同胞との不和，神経質，興奮傾向，活動過剰と焦燥感，無責任，不注意，不潔）
　　(vii) 交友問題(友人僅少ないし皆無，交友困難，交友不適，交友年齢不定，男女別不定，不人気，非協力的，遊戯拙劣，演技困難，演技拒否，他児との演技拙劣，からかわれ過多，虐待頻繁)
　Ⓑ 家庭，学校および近隣に関連するもの
　　(i) 虚言　　(ii) 罵言，俗悪，卑猥　　(iii) 喧嘩
　　(iv) 破壊性　　(v) 矯正不能（夜ふかしなど）　　(vi) 威嚇，虐待，残忍
(2) 社会的意義の重大なもの，非行
　Ⓐ 窃盗　　Ⓑ 怠休　　Ⓒ 性的非行　　Ⓓ 乞食，放浪
　Ⓔ 傷害―恐喝，殺傷　　Ⓕ 放火　　Ⓖ 自殺および自殺未遂
(3) 話しことばの問題

（パーソナリティ上の問題）
(1) 軽度ないし高度の積極的攻撃性
　これはすべて前項，行為上の問題中にふくまれる
(2) 受容的後退的行動
　Ⓐ 軽度，適応困難
　　(i) 劣等感，自信欠乏（排他性，内気，羞恥心，引込み思案，無口，過敏，自意識的，依存性，落胆傾向，不安定，自罰傾向）
　　(ii) 自己中心性（自慢，支配的者，わがまま，見せびらかし，うぬぼれ）
　　(iii) しっと
　　(iv) 恐怖，臆病，不安，常習性苦慮
　　(v) 白昼夢，放心
　　(vi) 他に対して拒絶的（愛情拒否，忘恩，義務怠慢，狡猾，秘密主義）
　　(vii) 猜疑心，偏執傾向，被軽視，被迫害感
　　(viii) 不注意，非情，怠惰，精神集中欠乏，野心欠如
　Ⓑ 高度，適応極度に困難ないし不能
　　(i) 神経症　　(ii) 精神病

表 83　心の障害の分類（前田，1976）

水準	段　階	内　　容	精神医学的診断
正常水準	正　　常	（とくになし）	正　　常
	情動的反応	現実的なストレス反応* （軽い不安，情動反応，心配状態，一過性の心身症反応）	正　　常 （不安神経症） 心身症反応
神経症水準	神　経　症　的	やや自我の弱さ（神経症的パーソナリティ） （不安，情動反応，行動障害，軽い心身症）	前神経症状態 心　身　症
	神　経　症	自我の弱さ（神経症的パーソナリティ）	神　経　症 心　身　症 行　動　異　常
	パーソナリティ障害をともなう神経症	固有の病像に固定 （神経症，心身症，行動障害，習癖など） 自我の弱さ（性格神経症） （根深い神経症，心身症，行動障害など）	神　経　症 心　身　症 行　動　異　常
	精神病的反応	自我の弱さ（軽い心因反応）	心　因　反　応
精神病水準	境　界　例*	自己愛的自我障害*	境　界　例* 心　身　症
	精　神　病	ひどい自己愛的自我障害*	統合失調症 躁　う　つ　病

注：「自我の弱さ」については，表62を参照。「躁うつ病」は，「気分障害」ともいう。

る分類が役に立つと思われる。しかしこの分類は，おもに現象面を重視した特徴がみられることから，臨床現場では，むしろ，表83の自我の強さの程度から見ていく心の障害の分類を重視している。

　臨床現場では，クライエントが，(1)どのような問題をもっているのか，あるいはどのようなことで悩んでいるのか，(2)それに対して，どのような援助が可能であるかについてを見立てる最初の面接を，「受理面接」（intake interview，インテイク面接ともいう）とよんでいる。一般に「受理面接」は，インテイクシートにもとづいて行うことが多い（付録参照）。

　また，カウンセラーは，この「受理面接」の内容にもとづいて，クライエントの(1)問題の原因は，クライエント個人の要因からか，それともクライエントにまつわる教師，家族，友人などの環境的要因から生じているのか（図6を参照），(2)問題行動は，「集団行動」か，それとも「単独行動」か（表84を参照），(3)「神経症的性格」か，それとも「行動化的性格」か（表85を参照）の3点についてを検討する必要がある。

表84 集団形成群と孤立化群 (北村, 1986)

	集団形成群	孤立化群
非行など	喫煙, 暴力行為, いじめ, シンナー遊び, 覚醒剤, 万引き, 単車窃盗, 無免許運転, 恐喝, ゆすり, 器物破壊, 無断侵入, 飲酒, 賭博	家出, 無断外泊, 万引き, 窃盗, 空き巣, シンナー遊び
学校不適応	怠学, 遅刻, 制服違反, パーマ, マニキュア, 頭髪染め, 教師への暴力, 授業中騒ぐ	不登校, 家庭内暴力, 同級生からの孤立, 成績へのこだわり, 長期欠席, いじめられっ子
性の問題	異性交遊, 売春, 性的暴力	オナニー, 女性下着窃盗, その他

表85 神経症的性格と行動化的性格 (黒川, 1973)

神経症的性格	行動化的性格
顕在的不安が強い	顕在的不安が弱い
症状の異常	行動の異常
症状が自我異和的	異常な行動が自我親和的
自己防衛的	攻撃的
社会性を求める	反社会的な表現をする
不決断	衝動的
自己保存的	自己破壊的
自己改革的	環境改革的
内罰的	外罰的

注:「自我異和的」とは, 欲求, 感情, 行動などの精神状態が, その個人の自我に受けいれられない状態のことをいい,「自我親和的」とは, 受けいれられる状態をいう。昨今では, 神経症的性格を放置した場合, 行動化的性格に変化しやすい。

第II節　各問題の特徴とその対応

〔1〕学業不振

(a) 定　義　　河井（1981）によれば，「学業不振」とは，広義には，学業成績が，不振の状態，学習が遅れている状態をいい，狭義には，一定の知的能力水準を設定し，その能力水準に比べて相対的に学力水準が低い状態をいう。

一般に「学業不振」と学校内の「不適応」状態との関係は強く，第2章の第III節で示したようにそのどちらかが原因ともなり，また結果ともなりやすい。

(b) 原　因　　学業不振の原因は，図22に示すように多くの原因が考えられる。

(c) 対　応　　「学業不振児」に対しては，いかにして「学習意欲」を高めさせるかが重要である。表86は，小口（1968）による「学習意欲」を高める指導法とサロモン（1972）の「学習指導モデル」をまとめたものであ

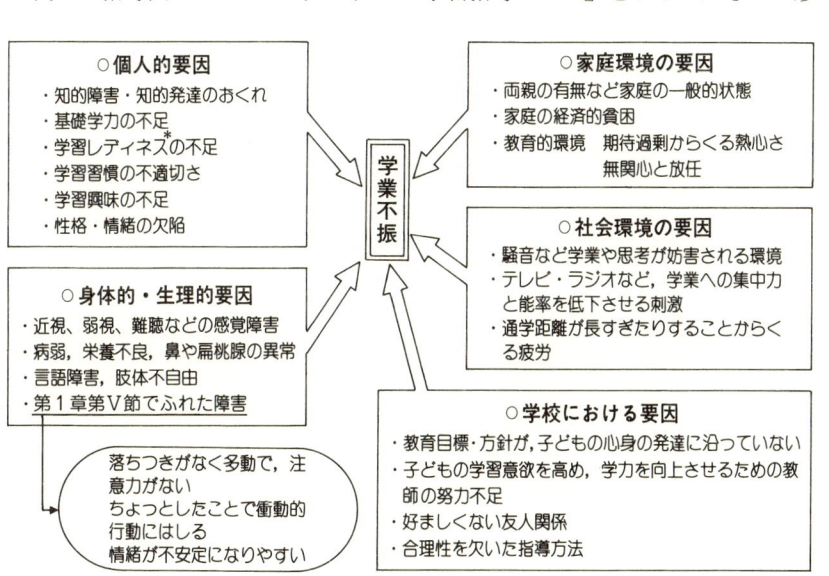

```
○個人的要因
・知的障害・知的発達のおくれ
・基礎学力の不足
・学習レディネス*の不足
・学習慣の不適切さ
・学習興味の不足
・性格・情緒の欠陥

○家庭環境の要因
・両親の有無など家庭の一般的状態
・家庭の経済的貧困
・教育的環境　期待過剰からくる熱心さ
　　　　　　　無関心と放任

○身体的・生理的要因
・近視，弱視，難聴などの感覚障害
・病弱，栄養不良，鼻や扁桃腺の異常
・言語障害，肢体不自由
・第1章第V節でふれた障害

○社会環境の要因
・騒音など学業や思考が妨害される環境
・テレビ・ラジオなど，学業への集中力
　と能率を低下させる刺激
・通学距離が長すぎたりすることからく
　る疲労

落ちつきがなく多動で，注
意力がない
ちょっとしたことで衝動的
行動にはしる
情緒が不安定になりやすい

○学校における要因
・教育目標・方針が，子どもの心身の発達に沿っていない
・子どもの学習意欲を高め，学力を向上させるための教
　師の努力不足
・好ましくない友人関係
・合理性を欠いた指導方法
```

図22　学業不振の原因（松原，1968）

注：今日においては，授業態度の充実をはかる必要がある。

表 86 学習意欲を高める指導法と学習指導モデル

学習意欲を高める指導法（小口，1968）	学習指導モデル（Salomon, G., 1972）
(1) 誘発的機能 　○興味をもたせる努力をする 　　(a) 興味をもつ素材や場面，(b) 能力相応か，やや高めの課題が興味を引く，(c) 生徒の興味の発達タイプを知る (2) 方向的機能 　○学習の目的や方向を明らかにしてやる 　○身近な目標を設定してやる (3) 強化的機能 　○学習の結果を知らせる 　○成功感を味わわせるように配慮する 　○適切な賞や罰を利用する 　○協力と競争を導入する	(1) 特恵モデル 　生徒の得意な面を生かして指導をしていく (2) 補償モデル 　生徒の欠けた能力を一時的に補って指導をしていく (3) 治療モデル 　生徒の欠けた能力を形成する指導をしていく

る。生徒の学習意欲を高めるためには，明るい雰囲気のなかで「わかる授業」，「好奇心を生む授業」，「目的をもった授業」を行うことが重要である。

〔2〕 反社会的行動

(a) 校 内 暴 力　　「校内暴力」とは，学校内で生じる，(1) 対教師暴力，(2) 生徒間の暴力，(3) 器物損壊などの暴力行為の総称である。表 87 は，原因と対応をまとめたものである。昭和 50 年代に発生していた「校内暴力」は，学校側の一方的管理に対する反抗や学業不振からくる欲求不満として生じていたが，平成にはいってからのいわゆる「学級崩壊[*]」は，幼児期からの「自己抑制力」の欠如に起因していることが多い。また，最近では，ナイフやエアーガンなどの凶器を学校に持ってきて，欲求不満が生じた際，対生徒，対教師へ危害を加える生徒もいる。このような問題も幼児期からの「自己抑制力[*]」の欠如や青年期の「現実吟味能力[*]」の欠如から生じていると思われる。とくにこのような生徒に対しては，現実吟味能力を育成する意味から，父親との関わりを深める必要があると思われる。

(b) いじめといじめられる行為　　「いじめ」とは，学校内の生徒間で生じる陰湿で，長期間にわたる理由のない攻撃行為のことをいう。たとえば，からかい，ひやかし，脅し，物を隠すなどの行為をいう。
　具体的にどのような行為を「いじめ」としてとらえるか自体は同定しにくい

表87　校内暴力の原因と対応

発生傾向	原因	理解のポイント	対応
中学生＞高校生 男子＞女子 学業不振児に多い または 「よい子」に見られる	○第2次反抗期*の歪んだ自己表現 ○学校生活上の欲求不満や対人不信の表現 ○母親の過保護的態度と父親の不在や関わりの乏しさ ○生徒の将来の目的や計画性の欠如 ○「自己抑制力」の欠如 ○「現実吟味能力」の欠如	○父親的な関わりを求めていることを理解する ○かまってほしい気持ちや目立ちたい気持ちを理解する ○独自にもつ被害感を理解する	○校内全体の信頼関係の形成につとめる（適切な校長の配置） ○学習意欲を高めさせる授業を工夫する ○教師の資質向上を検討する ○父親との関わりを深めるように指導する ○生徒の劣等感を補償していく ○ルールや校則の意味を理解させる ○「自己抑制力」の育成 ○「現実吟味能力」の指導

が，被害を受けている生徒がそれを「いじめ」としてとらえれば，それはすべて「いじめ」と同定される点がある。今日の小学校や中学校において，「いじめ」現象の件数は，さまざまな調査結果よりも実際にははるかに多いといわれている。この「いじめ」現象は，外国でも多発しており，その対策に迫られている。

深谷（1996）は，わが国の「いじめ」現象を表88に示す3類型に分類し，②の「いじめ」型を日本型「いじめ」としてとらえている。また，森田・清永（1986）は，いじめ内容の分類を図23のように分け，わが国では「心理的ふざけ」型が多いことをあげており，「いじめ」現象は，エスカレートして図24に示す段階を経て不登校や自殺，精神病の誘発をまねきやすいことをあげている。また，土屋（1997）は，最近の「いじめ」現象の特徴として，(1)ゲーム感覚でいじめを行う，(2)いじめが容易には発見しにくい，(3)いじめる生徒といじめられる生徒とが交互に変化するなどをあげている。

表89は，「いじめ」現象の原因と対応をまとめたものである。表89から，教師としては，何よりも「いじめ」の早期発見を行うことが重要であり，とくに休み時間や放課後の生徒の行動・態度を観察していく必要がある。この時間帯にひとりでいたり，保健室や図書館へ逃げるようにして引きこもる生徒，あるいはノートや教科書，シューズが隠されてはいないか，生徒への落書きがされていないかなどに注意を払う必要がある。

表88　いじめの分類（深谷，1996）

種類	①けんかや意地悪	②「いじめ」	③いじめ非行
意味	社会化されていない攻撃性の表現（問題解決の手段）	差別化・妬み・嫉妬から生ずるゲーム（利己的な行為）	非行
健康性	（健康性）どこでも発生する	（不健康性）日本的現象	（非行性）どの社会でも発生
特徴	日常的・発達的	ゲーム性　うっぷん晴らし	非行集団またはそれに近い集団による非行
行為	きょうだいげんか　けんか・悪口　意地悪　からかい	菌ごっこ　悪質な悪口　無視・仲間はずれ　嫌がらせ　落書き　物隠し	カツアゲ　暴力　使いパシリ　物を壊す　嫌がることの強制
期間	（単発的・短期的）	（長期的に持続）	
主たる発生期	（幼児期・小学校期に多発）	（小学校期が中心）	（中学校期に増加）
対象	相手は，その時の関係性のなかで非のある子	ターゲットとなる子どもの特性　第1因子　弱者　第2因子　目障り　第3因子　劣等　第4因子　ハンディキャップ	

注：①から②，②から③へ移行することも，しばしばある。

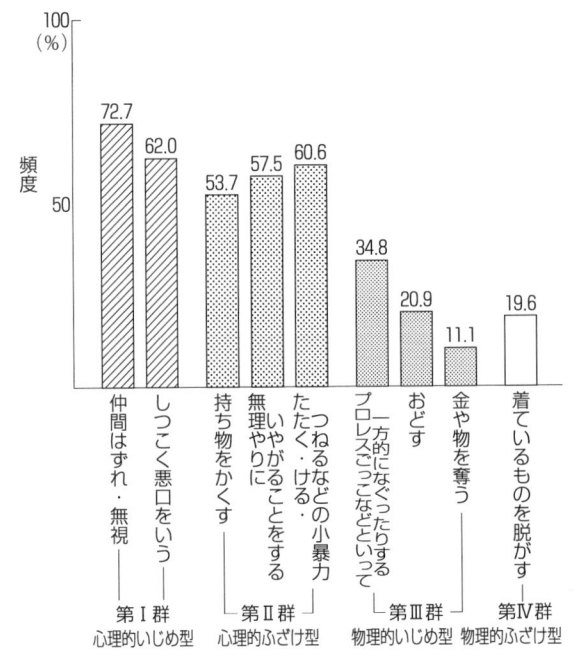

図23　いじめ内容の分類（森田・清永，1986）

第Ⅰ群 心理的いじめ型
- 仲間はずれ・無視　72.7
- しつこく悪口をいう　62.0

第Ⅱ群 心理的ふざけ型
- 持ち物をかくす　53.7
- 無理やりがることをする　57.5
- つねるなどの小暴力　60.6

第Ⅲ群 物理的いじめ型
- 一方的になぐったりプロレスごっこなどといって　34.8
- おどす　20.9
- 金や物を奪う　11.1

第Ⅳ群 物理的ふざけ型
- 着ているものを脱がす　19.6

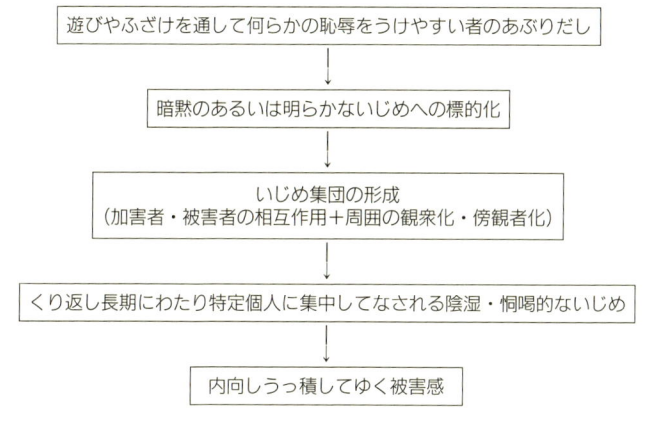

第Ⅱ節　各問題の特徴とその対応　　121

```
┌─────────────────────────────────────┐
│ 遊びやふざけを通して何らかの恥辱をうけやすい者のあぶりだし │
└─────────────────────────────────────┘
                  ↓
       ┌──────────────────────┐
       │ 暗黙のあるいは明らかないじめへの標的化 │
       └──────────────────────┘
                  ↓
     ┌──────────────────────────┐
     │         いじめ集団の形成           │
     │（加害者・被害者の相互作用＋周囲の観衆化・傍観者化）│
     └──────────────────────────┘
                  ↓
    ┌────────────────────────────┐
    │ くり返し長期にわたり特定個人に集中してなされる陰湿・恫喝的ないじめ │
    └────────────────────────────┘
                  ↓
         ┌──────────────┐
         │ 内向しうっ積してゆく被害感 │
         └──────────────┘
```

図 24　いじめの展開（森田・清永，1986）

表 89　いじめ問題の原因と対応

発生傾向	原　　因	理解のポイント	対　　応
小学5・6年＞中学生　男子＞女子	（いじめの原因）〇学校内や家庭内の極度な管理化からくる生徒のさまざまな欲求不満〇前思春期，青年期の攻撃性の高まり〇集団的同調	（いじめる生徒に対して）〇欲求不満内容を理解する〇潜在する劣等感を理解していく〇心が変化していくことのつらさを理解していく	〇担任教師や親によるいじめの早期発見をする　　例：生徒との連絡帳の交換を行ってみる〇いじめる生徒といじめられる生徒を個別に面接して原因を明らかにする（内容しだいで親の再教育も行う）〇クラス全体の問題として，「思いやり」の気持ちや自由な言語表現力を育てるように生徒全員で討議させる〇自分と違う者を受けいれる態度を指導する
いじめられる生徒のタイプ〇小柄，おとなしい，頑固，臆病〇目立ちたがりや，非協調的，横柄な態度			
いじめられる生徒を放置しておくと，「不登校」，「自殺」，さまざまな「精神障害」になりやすい	（いじめられる原因）〇対人関係の自己表現力の欠如〇協調性の欠如〇無意識の自己懲罰願望〇高い自尊心	（いじめられる生徒に対して）〇被害を受けたつらさ，孤独感，悲哀感，疎外感を理解する	

　「いじめられる」生徒は，自らいじめられている事実を親や教師へ告白することが少ない。その理由は多くあり，たとえば告白するとますます仲間から疎外されるから，あるいは中学生時という守秘の時期にいて告白すると自分のプライドが損われるととらえることから告白することに抵抗をもっている。このことから，教師は，いじめられる生徒に対して守秘義務を厳守したカウンセリ

ング的アプローチが必要となる。

　また，たとえ「いじめ」現象が発覚されたとしてもその解決も容易ではない。教師は，この現象が，親どうしや教師と親という大人どうしの問題，あるいはクラスのなかの人間関係の不和としてさらにエスカレートしないように配慮して，対策の手順を考えるべきであろう。その手順は，(1)いじめられる生徒への相談，(2)いじめる生徒への面接，(3)クラス全員を対象によい人間関係，よい学級雰囲気にしていくための話し合いを行うことが一般的ではあるが，「いじめ」現象の内容やその頻度によっては，(1)「いじめる」生徒の親との面接，(2)「いじめられる」生徒の親との相談の順でそれぞれの親どうしの仲介も行わなくてはならない。また，「いじめ」現象がこのことによって解決したとしても，しばらくはフォローアップしていかなくてはならない。最近では，イギリスの学校のように生徒どうしがカウンセリングを実施して，「いじめ」現象の早期発見や予防をめざしている学校もある。教師は，「いじめ」現象が生じないようなクラスの明るい，心の交流のある雰囲気づくりを日頃から工夫していく必要がある。

　「校内暴力」も「いじめ」の問題も，教師は学校カウンセリングだけによって解決を迫らず，教師と生徒の関係，生徒間の関係，学校内の雰囲気づくりの改善につとめるべきである。

(C) 非行と非行傾向　　「非行」とは，(1) 14歳から20歳未満の者の「犯罪行為」，(2) 14歳未満の者の「触法行為」，(3) 20歳未満の者で将来，「触法行為」を犯すおそれのある「虞犯行為」を総称する法的用語である。また，「非行傾向」とは，「非行」を犯すおそれのあることをいう。最近の「非行」は，中学生による非行の凶暴化と粗暴化がめだっている。彼らの特徴として，「現実吟味能力」の欠如，「自己抑制力」の欠如があげられる。また，電話やパソコンを介した性的非行もめだっている。表90は「非行」と「非行傾向」の原因を，表91は「非行傾向」から「非行」へ移行する段階をまとめたものである。

　また最近では，「非行」のうち，とくに「窃盗」や「性的非行」が目立っていることから，表92に「窃盗行為」の原因と対応を，表93に「窃盗行為」の重篤さの度合の指標を，表94に「性的非行」の原因と対応をまとめてみた。

表90 非行と非行傾向の最近の特徴と原因

最近の特徴	原因と結果	理解のポイント
○低年齢化 ○遊び型非行の増加 ○凶暴化と粗暴化 ○女子非行の増加 ○現実感の乏しい生徒	ヒーリーの情緒障害理論（1915） 　　（原因）　　　　　（結果） ○愛情飢餓，愛情欲求 → 不快状況の一時的回避反応 ○歪んだ自己表現　→ 規則を無視して欲求を充足する ○青年期特有の衝動* → 権威への反抗性 ○劣等感から　　　→ 代償満足 ○過去から潜在する　→ 復しゅう行為攻撃性 ○無意識的自己懲罰 → 自己懲罰願望の充足から	○非行生徒のもつ特有の淋しさ，悲哀感，空虚感を理解する ○根強い対人的不信感を理解する ○攻撃をせざるをえないつらさを理解する ○ルールやマナーの意味を理解させる ○「自己抑制力」の育成

表91 非行の深化の段階（遠藤，1968）

第1段階	第2段階	第3段階	第4段階
金銭乱費 友人に借金	自家の金品持出	親類，友人，知人などの金品窃盗，たかり	空き巣，かっぱらい，万引き，すり，詐欺，強盗など
	弄火（軽度）	弄火（重度）	放火
粗暴	粗暴，けんか（軽度），校具破壊など	けんか（計画的），暴行，傷害	傷害（計画的），恐喝
異性追随，ひやかし，エロ本・写真を見せる	不純異性交遊（肉体関係なし）	わいせつ・不純異性交遊（肉体関係あり）	強姦
無断欠席，欠課，早退	無断外泊，怠学	しばしば無断外泊	
夜間外出		家出・浮浪野宿	
不良交遊，盛り場徘徊，不健全娯楽，無料入場・乗車，危険遊戯，夜あそび，虚言	喫煙，飲酒，非行グループに所属，風俗営業出入，凶器所持	賭博	
交通違反	暴走族		

非行傾向を示す青年に対しての学校カウンセリングにおいては，とくに「言語」のみならず，「行為」，たとえば訪問面接や青年とのスポーツや物の貸借などを通しての粘り強い信頼関係の形成の努力と相手の立場が理解できることの育成が重要と思われる。この信頼関係が形成された後，自分の行為の意味とその背景についてを「言語」を通して明確化していくことが必要である。

表92 窃盗行為の原因と対応

発生傾向	例	原　因	対　応
中学生＞高校生 男　子＞女　子	○万引き ○オートバイ盗み ○自転車盗み ○空き巣ねらい ○女性の下着盗みなど	○親子関係や交友関係の欲求不満から ○親や教師に対しての反抗や敵意から ○非行グループの地位確保のため ○「ちょっと借りただけ」という所有関係のルーズさ ○盗むことのスリルを味わうため ○性への好奇心 ○物への執着	○根気強くクライエントとの信頼関係を形成していく ○窃盗の動機と原因を明確化していく ○クライエントのいら立ちや淋しさを共感していく ○他者への思いやりや自らの責任性についての再教育を行う {場合によっては親や非行グループそのものなどの環境調整を行う} ○「自己抑制力」の育成

表93 窃盗行為の重篤さの指標

重篤さ	軽　度	重　度
手　　口	組織性なし	組織性あり
動　　機	思いつき 偶発的	計画的 必然的
窃盗頻度	一時的反応	習癖化
被害者の侵害度	軽　微	重　大

〔3〕 非社会的行動

(a) 不　登　校

「不登校」とは，身体的疾患以外の何らかの原因で，長期にあるいは不定期に学校を欠席する現象をいう。この不登校を示す生徒は，年々増加の一途をたどっている。また，以前に比べて現代では，どのような生徒でも不登校を示す傾向があり，臨床家によって専門的な治療を行ったほうがよい不登校生徒と親，教師，地域の人々の支えによって発

第Ⅱ節 各問題の特徴とその対応

表94 性的非行の原因と対応

定　義	発生傾向	原　因	理解のポイント	対　応
以下の2点の総称 (1) 性犯罪 例：婦女暴行，わいせつ，痴漢，売春，淫行，下着盗み (2) 道徳上好ましくない性的行動 例：不純異性交遊	高校生＞中学生 ○中学生の場合は，知的発達の遅れを考慮する必要がある ○電話やパソコンを介した内容も増加	（婦女暴行・わいせつ・痴漢） ○性衝動の解消 ○女性に対する劣等感 ○過去からの敵意や恨み ○性への好奇心 ○非行グループの同調 （売春・淫行） ○金銭欲しさから ○愛情飢餓 ○親子関係上の欲求不満（不純異性交遊） ○性への好奇心 ○愛情飢餓 ○孤独感 （性的窃盗） ○性への好奇心 ○フェティシズム ○孤独感	（外向的青年の場合） ○「躁的防衛*」（対象喪失からくる悲哀感の反動）の背後にある淋しさ，空虚感，悲哀感を理解する （内向的青年の場合） ○クライエントのもつ厳しい「超自我」と性衝動との葛藤を理解する ○クライエントの孤独感を理解する	○クライエントとの信頼関係の形成をはかる ○性的非行の動機と原因を明確化していく ○クライエントの環境調整を行う。とくに女子クライエントの場合には，父親との関わりを深めていく （外向的青年の場合） ○将来に向けた計画性と自らの責任性の再教育と皮相的対人関係の改善を行っていく （内向的青年の場合） ○性の合理的解消法の再教育と孤立した対人関係の改善を行っていく

注：「フェティシズム（fetishism）」とは，異性の身体の一部や持物や衣服などに対して性欲を感じる異常性欲の一種。「超自我」については，図1を参照。

達していく不登校生徒とがあると思われる。

図25は，学校で楽しいこととつまらないことについての中学生の調査結果である。図25から，中学生にとってとくに授業が楽しくないことがわかる。

教師は，不登校をふせぐ意味から，不登校となる生徒のサインを早期に発見し，登校刺激を一週間程度与えなければならない。この登校刺激を与えるか与えないかについての論議は多いが，少なくとも最初に不登校のサインが示された際，教師が，初期において個人的な面接を行い，登校刺激を与えていくと，現在よりもはるかに不登校生徒数は低減されると思われる。不登校のサインについては表95のようなサインがあげられる。とくに教師は，5月の中旬，9月の上旬，2月の中旬において，生徒の出欠状況をよく観察して，登校の意味を説き，登校刺激を与える必要がある。

また，長期欠席の不登校生徒に対しての登校刺激は意味をなさないが，その

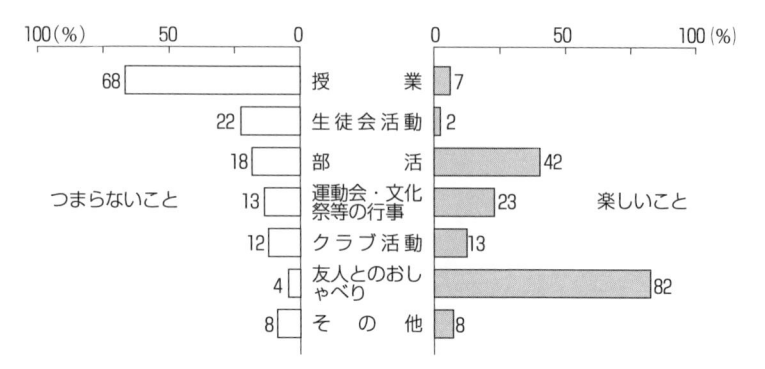

126　第3章　青年期の心の問題の種類と対応

つまらないこと (%)		楽しいこと (%)
68	授業	7
22	生徒会活動	2
18	部活	42
13	運動会・文化祭等の行事	23
12	クラブ活動	13
4	友人とのおしゃべり	82
8	その他	8

図25　学校でつまらないことと楽しいこと（高橋ら，1988）

表95　不登校の現れとサイン（坂野，1990を一部修正）

不登校のサイン	
	1. 休日の翌日，欠席することが多い
	2. 欠席理由は「かぜ」と報告されているが，ずるずると長びいたり断続的にくりかえされたりして，欠席日数が多い
	3. 特定の教科のある日や試験の日に欠席する
	4. 遅刻，早退が多くなる
	5. 体の不調をうったえ保健室にいくことが多い
	6. 体育の授業や昼食時，休み時間など元気がなく，他の子どもと関わらない
	7. 部活や委員会活動をやめたがる
	8. 成績が急に低下する
	9. 授業中集中せず，元気がない
	10. 昼食を皆と食べない

　動機と原因については表96に示す点があげられる。長期欠席の不登校生徒への対応について，表96に示す動機についてを教師は，しばしば詳細に検討しやすいが，今日の生徒はささいな動機によって不登校を示すため，この動機についての詳しい検討は臨床的には大きな意味をなさない。
　不登校生徒と関わっていくと，さまざまなタイプがみられ，その現象から表97のような分類ができる。表97の(1)と(2)は，従来からみられる長期欠席を示しやすいタイプであり，現代ではむしろ，(3)の無気力タイプや「怠学」の不登校が増えている。また，高校生では，「二次性」タイプの不登校がみられ，専門的な治療が必要であることが多い。わが国では，長期欠席の不登校生徒をそのままにしておいた場合，20歳代や30歳代に多い「社会的ひきこもり」に連

表 96　不登校の動機と原因

不登校状態になる動機
○クラス変え　○席が変わる　○進学　○転校　○交友関係上のトラブル　○いじめられる　○成績の低下　○家族とのトラブル　○親の死　○進路選択の失敗　○身体的不調など

不登校の原因	
個人的要因	○自主性や自発性の乏しさ　○対人関係の未熟さ（非協調的，非社交的，対人的過敏性など）　○情動コントロールの欠如　○自尊心の高さ　○完全癖とルーズさの共存など　○目標の欠如　○現実吟味能力の欠如
家庭的要因	○母親の過保護・過干渉的態度　○父親の放任，あるいは厳格すぎる態度，両親の偏った育児・教育観，両親の不仲など　○崩壊家族　○幼児期のしつけの欠如
学校の要因	○教師の対応能力の乏しさ　○学校環境の魅力の乏しさ　○協調性の乏しい生徒の多いクラス　○教師の偏った教育観など　○「閉ざされた学校」
社会の要因	○物質文明・文化の歪み　○高学歴社会の歪み　○情報化社会の歪み　○知育偏重　○受験競争　○地域社会の弱体化　○欲求を自己主張し，責任感の欠如した時代など

表 97　不登校の分類（頼藤, 1986を修正）

原　発　性
(1) 学校恐怖症（school phobia） 　登校しなくてはと思うが，不安・恐怖・心気症状があって行けない（小学生や中学生に多い） (2) 登校拒否（school refusal） 　(1)に類似するが，登校できない一応の理屈づけがある（中学生や高校生に多い） (3) 学校脱落（school dropout） 　理由もなく関心もなく登校する気持ちもなくなって学校を退学する（情緒的反応や合理性を欠くことで (1)・(2) と異なる）
二　次　性
うつ病・統合失調症・妄想反応・各種神経症の随判症状として登校できない
怠　　学
学校外で遊ぶために積極的に登校しない

なるといわれている。

これら不登校を成因から分けると表98のようになり，小学生の場合には，(1)の「分離不安」タイプが多く，このタイプは親の養育態度を改善することによって登校しやすい。表98の(2)は，高校生に多く，進路の問題や高い自尊心の問題が大きい。また，(3)は，「いじめ」と深く関連している。

最近の不登校生徒の特徴としては，保健室のみ登校できる生徒が増えており，第1章の第III節の〔3〕で述べたように養護教師の役割が大きい。1994年の日本学校保健会の調査では，保健室登校を受け入れている学校は小学校で7％，中学校で23％，高校で8％と報告されている。表97に示す原発性の(3)と怠学タイプとは，保健室の入室時間を限定した保健室登校からクラスのなかへ適応していく場合が多いが，その他のタイプは多面的アプローチが必要である。

表99は，不登校生徒への多面的アプローチをまとめたものである。

また，スクールカウンセラーが，学校のなかで不登校生徒と関わる場合には，表100に示す段階的対応があげられる。

わが国の学校は，「欠席する」という現象に関してデリケートな考え方をもっている。不登校が改善されることとは，必ずしも登校できるようになることだけではない。今後，わが国の学校が，「開かれた学校」となっていくには，生徒の個性を発揮，発達できる「場」を柔軟に検討していく必要がある。そのためには，現在の「学校」だけに限らず，米国やイギリスの例のようにホームエデュケーションやフリースクール，あるいは柔軟な転校などの機会を設ける必要がある。その検討過程で不登校生徒をもつ親も学校側を否定せず，教師と話し合う姿勢を示すであろう。

表98 不登校の成因

(1) 分離不安説*
  ① 乳幼児期からの母子共生関係
  ② 学校場面での不安・緊張体験
  ③ 母親からの分離不安
  ④ 自宅へ逃避
    例：社会性の乏しい依存タイプ

(2) 自己像防衛説
  ① 自己イメージの虚像的肥大
  ② 学校で自己が試される経験
  ③ 現実自己の直面を恐れる
  ④ 自己イメージの収縮
  ⑤ 自宅へ逃避
    例：優等生の息切れタイプ

(3) 回避反応説
  ① 学校での不快・恐怖の反復経験
  ② 場面に対する恐怖条件づけ
  ③ 場面の回避反応
  ④ 不安低減による強化
  ⑤ 自宅で回避する行動の習癖化
    例：いじめられる生徒

注：「共生」(symbiosis)とは，乳児期にみられる相互依存的な母子関係を意味する。

表 99 不登校生徒の多面的治療

(1) 治療機関での個人治療
　カウンセリング，遊戯療法*，箱庭療法*，絵画療法，薬物療法など

(2) 家族の治療
　養育態度や家族内力動*の調整，子どもについて家族の理解を深めるための援助，子どもの治療に対する家族の協力を得るための働きかけ

(3) 学校側の協力
　生徒の受け入れ態勢の整備，生徒の気持ちと家族のあり方の理解，治療機関との連携

表 100 学校での不登校生徒に対する段階的対応

段階	対　応
初期	1 早期に発見し，少なくとも1週間は登校刺激を与えて登校を促してみる 2 それでも不登校状態が続く場合には，誰がその生徒を担当するかを話し合って決める 3 担当者は，生徒とのラポール*の確立をはかる。その際，学校の話はひかえて，本人の興味・関心のある話だけをしていく（難しい生徒ほど時間がかかる）
中期	1 少しずつ，生徒の対人関係の問題や性格についてふれていく（難しい生徒の場合には，家族との面接も行ったほうがよい） 2 生徒とのラポール*が深まったら，生徒の親子関係についてもふれていく 3 生徒の表現する親への敵意や反抗を受けとめていく 4 生徒の一応の情緒安定性が見られたら，担当者は，ここで助言，指導，支持，強化を与えていく 5 生徒の当面の目標や将来の目標についてふれていく
後期	1 生徒の友人や学校の状況について話し，生徒が外界へ関心を示すように進めていく 2 担任教師との連絡をとりあって，生徒のクラスでの受け入れ準備をはかっていく 3 何度かそれとなく登校を促してみる。生徒の登校に対する抵抗内容しだいで，話題を「中期」にもどしてみる 4 今までのカウンセリング内容をまとめさせる

注：訪問面接の場合には，登校刺激を与えないことが原則である。

(b) 家庭内暴力

「家庭内暴力」とは，家族成員間の暴力や家庭での器物破損行為の総称であるが，最近では，青年が，親に対して持続的に激しい暴力を振るうことを意味することが多い。表101は，その原因と対応をまとめたものである。

とくに表101のⅠ型の特徴として，江幡ら（1982）は，(1) 外では「よい子」

表101　家庭内暴力の原因と対応

発生傾向	分類		原因	理解のポイント	対応
中学生＞高校生 男子＞女子 （被害者） 母親＞父親 妹＞弟	Ⅰ型	家庭内暴力だけを示すタイプ	○完全癖や誇大自己などの特性をもつパーソナリティ ○母親の過保護・過干渉的態度と父親の父性欠如による欲求不満耐久度の欠如や衝動統制力の欠如	今まで親のいうとおりにしてきた本人のはがゆさやもどかしさを理解する	(1) 親に対しての助言や指導 （母親の自律性や父親の権威の強化をはかる） (2) 暴力がおさまったら，本人へアプローチ (3) (1)・(2) を行っても暴力を示す場合には，入院治療へ 入院治療は即効性あり
	Ⅱ型	不登校をともなうタイプ	表97・表98を参照		
	Ⅲ型	非行をともなうタイプ	表90を参照		
	Ⅳ型	精神障害たとえば，統合失調症，躁病など	表107・表108を参照		

注：「誇大自己」(grandiose self) とは，万能感に満ちた野心的で欲求がましい自己を意味する。

で家庭だけで親に暴力を振るう，(2) その原因は，親子関係の問題によることが明らかである，(3) 比較的完全癖の強い，優等生に多いの3点をあげている。

また，表101のⅠ型とⅡ型は，稲村（1980）の見解によると，表102のような過程をたどることが多いとされている。

表102　家庭内暴力の長期過程（稲村，1980を一部修正）

過程	特徴
潜伏期	内的に暴力化の準備性をはらんだ状態
暴言・破壊期	ことばによる心理的暴力と器物破損がみられる（長期に及ぶと家族が崩壊する）
暴力期	身体への直接攻撃がみられる
虚脱・内閉期	暴力は軽減し，無気力・無為な生活をおくり，内閉的で虚脱状態がみられる
成長期	しだいに活気と積極性を示し，主体的に進路を選択しようとする

(C) 自殺傾向

「自殺傾向」とは，(1)「希死念慮」，自殺願望をもつこと，(2)「自殺威赫」，他者に自殺願望を表現すること，(3)「自殺企図」，実際に自殺を計画することの総称である。表103は，「自殺傾向」の特徴と対応をまとめたものである。また，図26は，「自殺傾向」の構成要因を示したものである。

一般にどの青年も一度は，軽い「希死念慮」や親や教師に対して「自殺威赫」を示しやすいといわれている。また，リストカットを習癖として行いやすい。とくに最近の中学生は，「死にたい」ということばを発しやすい。したがって，青年が，どのような兆候を示せば，「自殺企図」を決行するかについては，臨床家でもその判断に迷うことが多い。表104は，一応の自殺の兆候を示したものである。

自殺予防において，全国にある「いのちの電話」による電話相談によって自殺をとどめている例もある。

表103 自殺傾向の特徴と対応

発生傾向	パーソナリティ分類	契機・願望	理解のポイント	対応
高校生＞中学生 男子＞女子 季節：春と秋 時刻：夜が多い 生徒の傾向： ○親のいない生徒 ○過去に自殺企図経験のある生徒 ○抑うつ状態を示す生徒 ○非行傾向があり，家出願望のある生徒 ○いじめられる生徒	I 型 乱暴で，短絡的な特徴をもつタイプ II 型 内閉的，過敏で，執着的な特徴をもつタイプ	(中学生) ○親からの叱責 ○学業不振 ○いじめ (高校生) ○進路選択や受験の失敗 ○失恋 ○友だちの自殺の後追い (内的原因) ○死にたい願望 ○殺されたい願望 ○殺したい願望	自殺を考えざるをえない生徒のつらさ，苦しみ，悲しみ，わびしさなどの気持ちを理解する	(1) 精神医学的疾患ではないかどうかを専門家に診断してもらう (2) 生徒のつらさ，苦しみ，悲しみを理解して受けとめる (3) 生徒の心にある攻撃性を発散・表現させていく (4) 教師の自己経験にもとづいて「生きる意味」を指導していく (5) 家族関係や交友関係の改善・修正を行う (6) 趣味や特技をもたせて，希望を与えていく

注：「抑うつ状態」については，表108を参照。後追い自殺を群発自殺ともいう。

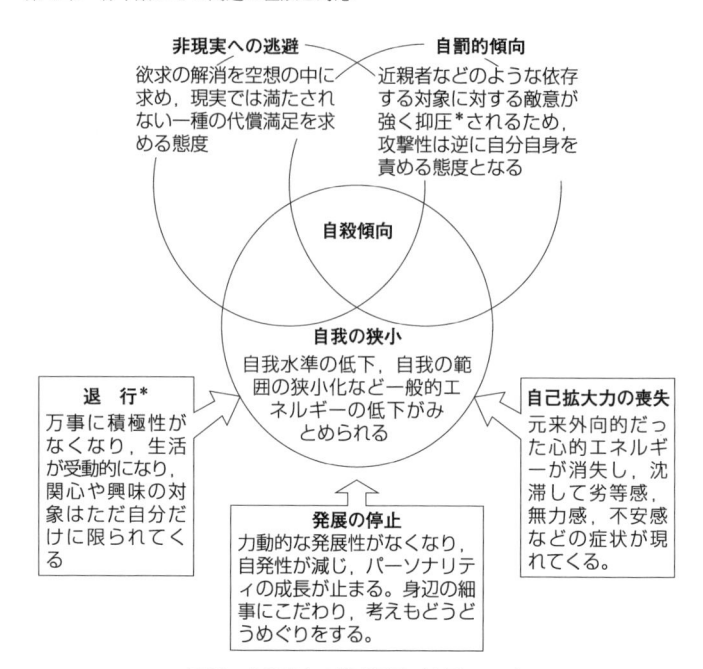

非現実への逃避
欲求の解消を空想の中に求め、現実では満たされない一種の代償満足を求める態度

自罰的傾向
近親者などのような依存する対象に対する敵意が強く抑圧*されるため、攻撃性は逆に自分自身を責める態度となる

自殺傾向

自我の狭小
自我水準の低下、自我の範囲の狭小化など一般的エネルギーの低下がみとめられる

退行*
万事に積極性がなくなり、生活が受動的になり、関心や興味の対象はただ自分だけに限られてくる

自己拡大力の喪失
元来外向的だった心的エネルギーが消失し、沈滞して劣等感、無力感、不安感などの症状が現れてくる

発展の停止
力動的な発展性がなくなり、自発性が減じ、パーソナリティの成長が止まる。身辺の細事にこだわり、考えもどうどうめぐりをする。

図 26　自殺傾向の構成要因（大原，1972）

表 104　自殺企図の兆候

(1) 「死にたい」という表現を親しい人物、日記、手紙、絵などにする
(2) 悩みを表現し、その解決に当惑してよく泣いたり、粗暴になる
(3) 抑うつ状態、食欲不振、不眠を示し、対人関係を回避する
(4) 本人にとって急な衝撃が生じ、いつもにない焦燥感や不安感を示す

とくに(3)・(4)の場合は、身なりにかまわなくなることが多い
注：「抑うつ状態」については、表108を参照。

〔4〕 神経症的反応

　「神経症」(neurosis)とは、一般にノイローゼと呼び、心理的原因と防衛機制*によって生じる心理的、あるいは身体的機能の障害のことをいう。今日の精神医学診断マニュアルでは「神経症」という名は削除されているが臨床的に役立つ診断名である。青年期*は、パーソナリティの変化が流動的であるために、かりに「神経症」に相当する症状が示されても、「神経症的反応」としてみて

いくことのほうが臨床的であり，教育的であると思われる。表105は，新福（1984）による「神経症」の症状別にみた分類である。

また，臨床上においても教育的な配慮においても「神経症」と「精神病」（psychosis）とは，区別してみていく必要があることから，表106に「神経症」と「精神病」の相違点をまとめた。学校現場において「精神病」が疑われ

表105　神経症の分類（新福，1984）

分　類	説　明
不安神経症	毎日が不安で落ち着かない。不眠・食欲不振などの身体症状もある
転換ヒステリー	不快な体験後の失声，失歩，解離性健忘，過呼吸などが生じる
恐怖症	人が恐い（対人恐怖），汚れたものを極度に嫌う（不潔恐怖）など
強迫神経症	ばかげていると思っていても何回も同じことが頭に浮かんだり，くり返して同じ行為をする
神経症性抑うつ	挫折・失敗経験後に憂うつになり，不眠，食欲不振状態が続く
神経衰弱	あることを考えすぎて，集中力がなくなり，疲れやすくなる
離人症	すぐ近くにいる人なのに遠くにいるような気がする
心気症	本当は，身体的病気ではないのに病気ではないかと不安になる

注:「神経症性抑うつ」は「抑うつ神経症」とよぶこともある。

表106　神経症と精神病の相違（西園，1988）

項　目	神経症	精神病
障害の性質	不安が根底にある	パーソナリティの病い
症状の程度	パーソナリティの一部	パーソナリティそのものが精神症状で障害，幻覚，妄想などをもつ
現実との接触	保持	いちじるしく障害
対人関係	本来は健全	自閉
感情の障害	了解可能な感情障害*	無関心，非現実的なそう快，深い抑うつなど
コミュニケーション	あっても軽度が多い	いちじるしく障害
病識	あり	ないことが多い
原因	心理的な原因（心因）	生物学的原因（内因）
遺伝負因	弱い	強い

注:「病識」とは，自分の病に対する自覚があることをいう。

表107 統合失調症の症状 (Bleuler, E., 1911)

一次症状	二次症状
(1) 軽度の観念連合の障害 例：考えにまとまりがない	(1) 観念連合の分裂 例：言っていることが支離滅裂
(2) 躁うつ的色彩をもった感情の波	(2) 感情の鈍麻 例：無感動・無関心
(3) 幻覚への素因	(3) 自閉症* 例：閉じこもり，表情の欠如，ぎこちない態度
(4) 常同症への素因 例：同じ動作や言動を何度もくり返す	(4) 両価性 例：食事をとろうとすると，とるまいとする相反する思考や認知を同時に固執する
(5) 慢性の緊張病症状 例：大声でわめく，刺激に対して反応しないなど	(5) 妄　想 例：世界没落体験，迫害妄想，血統妄想など
(6) 身体症状 例：振せん，頭痛，めまいなど	(6) 幻　覚 例：幻視，幻聴，幻嗅など
	(7) 緊張病症状群 例：姿勢の硬直，興奮，無感動，無言など

注：(3) の「自閉症」は，「早期幼児自閉症」(early infantile autism) とは異なる。
(5) の「妄想」(delusion) とは，確信に満ちた根拠のない主観的な信念であって，事実の経験や論理によって訂正されないものを意味する。

る事例の場合は，精神科のクリニックや精神科の病院を紹介していくことが必要である。とくに「精神病」のうち，「統合失調症」(schizophrenia) は，表107に示す症状を示すことが多い。学校現場では，「神経症」や「心身症」は，高校生時に発症しやすく，また，中学生時には「統合失調症」の「破瓜」型 (hebephrenia) が時に発症することもある。

また，同じ「抑うつ状態」でも表105の「神経症性抑うつ」(neurotic depression) と「精神病性抑うつ」(psychotic depression) とがあり，臨床的にはその処方も異なることから，その2つの相違点を表108に示した。

表109は，「神経症的反応」を示す生徒に対して，学校カウンセリングを行う場合のポイントをまとめたものである。

表108　神経症性抑うつと精神病性うつ病の相違点
(Kiloh, L. G. & Garside, R. F., 1963)

臨床像	神経症性抑うつ	精神病性うつ病
1 うつ病の質	正常者の意気阻喪	異常なメランコリー
2 うつ症状の広がり	多い	少ない
3 妄想	ない	ときに現われる
4 離人症	ない	現われる
5 不安症状	強い	弱い
6 神経症症状（ヒステリー，強迫症状など）	強い	弱い
7 日内変動	ない	ある
8 集中力	障害なし	障害
9 罪業感	ない	強い
10 自分との関係	自分を悔やむ	悔やまない
11 体重減少	いろいろ	減少
12 便秘	いろいろ	ある
13 日頃の健康	いつもわるい	周期以外はよい
14 誘因	はっきりして強い	ないか弱い
15 うつ病の家族歴	ない	ある

注：うつ病の場合，薬物療法が主体となる。

〔5〕心身症

「心身症」(psychosomatic disease) とは，日本心身医学協会（1970）によれば，「身体症状を主とするが，その診断や治療に，心理的因子についての配慮がとくに重要な意味をもつ病態」と定義されている。

一般に，「神経症」のうちの「転換ヒステリー」(conversion hysteria) や「精神病性うつ病」の場合にも身体症状を呈するが，これらは「心身症」としてはとらえない。表110は，「心身症」と「転換ヒステリー」の相違点をまとめたものである。

また，表111に示すように「心身症」の種類は多く，身体の各部にわたっている。

学校現場において，心身症的症状を示す生徒のパーソナリティ特性として，

表 109　各神経症的反応に対するカウンセリング的対応

分　類	対　　　応
不 安 神 経 症	(1) 不安を受容する (2) 自我を支持していく（不安に慣れさせる） (3) 洞察＊かまたは経験によって自信を獲得させる
転換ヒステリー	(1) 訴えを受容する (2) 心理的原因の洞察＊を促す (3) 欲求不満耐久性をつけるように訓練していく (4) 協調性の育成を指導していく
恐　怖　症	(1) 恐怖感を受容する (2) ラポール＊の強化 (3) 潜在する攻撃性や性衝動の洞察＊を促す (4) 厳しい超自我の緩和を促す (5) 恐怖対象に慣れる訓練を行う
強 迫 神 経 症	(1) ラポール＊の強化 (2) 感情の表出を促していく（不安に慣れさせる） (3) 症状を自己受容できるまで交流を保っていく (4) 潜在する攻撃性の洞察＊を促す (5) 注意が拡散できる訓練を行う
神経症性抑うつ	(1) 抑うつ状態を受容する (2) 静養を促す (3) 依存欲求をある程度充足させていく (4) 自我を支持していく（楽天的見方をつける） (5) 経験によって自信を獲得させる
神 経 衰 弱	(1) 静養を促す (2) ラポール＊の強化 (3) 思考や感情の明確化を行う (4) 余裕をもった生き方の指導を行う (5) 経験によって自信を獲得させる
離　人　症	(1) ラポール＊の強化 (2) 症状の背後にある葛藤や空虚感を明確化する (3) 感情表出を促す (4) 自我を支持していく (5) 親密な友人がひとりでもできるように促す
心　気　症	(1) 身体的訴えを受容していく (2) ラポール＊の強化 (3) 医学的検査の徹底 (4) 潜在する攻撃性や性衝動の洞察＊を促す (5) 外界の出来事や対人関係に興味を方向づける (6) スポーツや運動を行うことをすすめる

表110　転換ヒステリーと心身症の相違点（前田，1976）

	転換ヒステリー	心身症
身体部位	主として意志の支配下にある部位や器官	自律神経支配下の部位や器官　かなり生理的に理解できる症状
現われ方	不自然な症状	器質的な変化にまですすむこともある
程度　メカニズム	機能的な変化　心的葛藤（不安）の代償的満足（妥協形成）　　象徴的な意味（器官言語）　症状への無関心　疾病利得　疾病逃避（疾病への意志）	感情的な刺激に対する生理学的な反応が慢性化し，固定化したもの　不安を軽くすることの失敗

注：「疾病利得」とは，精神症状や身体症状によって得られる本人の意識ないし無意識にとっての心理的現実的な利益をいう。

表111　心身症の種類（中川，1988）

1	循環器系	本態性高血圧症，本態性低血圧症，レイノー病，冠動脈疾患，一部の不整脈，いわゆる心臓神経症，血管神経症など
2	呼吸器系	気管支喘息，過換気症候群，神経性咳嗽，空気飢餓，しゃっくりなど
3	消化器系	消化性潰瘍，慢性胃炎，いわゆる胃下垂症，過敏性腸症候群，潰瘍性大腸炎，胆道ジスキネジー，慢性膵炎，慢性肝炎，神経性嘔吐，発作性腹部膨満症，神経性腹部緊満症，呑気症，食道痙攣など
4	内分秘系	単純性肥満症，糖尿病，甲状腺機能亢進症，神経性食欲（思）不振症，過食症（神経性大食症），心因性多飲症など
5	泌尿器系	夜尿症，インポテンツ，神経性頻尿(過敏性膀胱)など
6	神経系	片頭痛，筋収縮性頭痛，いわゆる自律神経失調症など
7	骨筋肉系	慢性関節リウマチ，全身性筋痛症，書痙，痙性斜頸，いわゆるむち打ち症，チック，外傷神経症など
8	皮膚科領域	神経性皮膚炎，皮膚瘙痒症，アトピー性皮膚炎，円形脱毛症，多汗症，慢性じんま疹，湿疹，尋常性疣贅など
9	耳鼻科領域	メニエール症候群，アレルギー性鼻炎，慢性副鼻腔炎，咽喉頭異常感症，乗物酔い，心因性嗄声，失声，吃音など
10	眼科領域	原発性緑内障，眼精疲労，眼瞼不重，眼瞼痙攣など
11	産婦人科領域	月経困難症，月経前緊張症，無月経，月経異常，機能性子宮出血，不妊症，更年期障害，不感症など
12	小児科領域	小児喘息，起立性調節障害，再発性臍仙痛，周期性嘔吐症，心因性発熱，チック，夜驚症など
13	手術前後の状態	腹部手術後愁訴（いわゆる腸管癒着症），ダンピング症候群，頻回手術症（ポリサージャリー），形成手術後神経症など
14	口腔領域	顎関節症，ある種の口内炎，特発性舌痛症，歯ぎしり，口臭症，唾液分泌異常，精神性脳貧血，義歯神経症，咳，筋チック，口腔手術後神経症など

とくに (1) よい子, (2) 理想や自尊心が高く, せっかちな子ども, (3) 執着的で強迫的な子ども, (4) まじめで優等生タイプの子ども, (5) がんばりやの子ども, (6) 他者によく気をつかう子どもなどがあげられる。

ここでは,「思春期やせ症」(anorexia nervosa) と「過敏性腸症候群」(irritable bowel syndrome) についてふれておきたい。

(a) 思春期やせ症

「思春期やせ症」の医学上の診断名は,「神経性無食欲症」という。おもに9歳から30歳ぐらいまでの独身女性, とくに高校生の女子に発症しやすく, その原因については, 1950年代までは, 下垂体前葉の障害説が強く支持されてきたが, 今日では, 人生最早期の母子関係の問題によるという心理的な原因論が支持されており, それも確定的ではない。

その症状については表112に示したものがあげられ, また, DSM-IVの診断基準は表113のとおりとなっている。このような病態を示す過程で, 表114に示す「神経性大食症」(bulimia nervosa) に移行していく, あるいは「拒食」と「過食」を交互にくり返す事例も少なくない。

また, その程度も表115に示すように軽症から重症までであって, 一般に学校カウンセリングを行って改善されるのは, このうちの軽症だけのように思われる。したがって, 軽症以外の事例は, 心療内科や精神科の病院へ紹介することが望ましい。また,「思春期やせ症」は, 表105の「神経症性抑うつ」, あるいは表108の「うつ病」の初期であることもある。

下坂 (1987) による「思春期やせ症」の心理メカニズムについては, 図27に示すとおりである。表116は, 軽症の「思春期やせ症」を示す生徒に対して,

表112 思春期やせ症の症状（下坂, 1987）

(1) 無食欲を中心とする食行動の異常（共同の食事を避ける傾向, ひとり食べ, つまみ食い, 盗み食い→経過中に過食あるいは過食と嘔吐）
(2) 下剤・利尿剤の濫用
(3) ときに万引きその他の窃盗行為
(4) やせ
(5) 無月経, ときに希発月経
(6) 身体衰弱にそぐわない活動性
(7) 自己の身体状態を深刻に受けとめない
(8) 両親（とくに母親）に見せる反抗と依存の混交した態度

学校カウンセリングを行う場合の段階ごとの対応をまとめたものである。

表113　神経性無食欲症の診断基準（DSM-IV）

(1) 肥ることに対する強い恐れ。この恐れはやせが進行しても減少することはない
(2) 初潮後の女性の場合，無月経
(3) 少なくとも病前体重に対して25％の体重減少，あるいは18歳以下の場合は，病前体重からの体重減少と，標準体重から期待される体重増加が合せて25％になる
(4) 年齢，身長に相応する最小の正常体重を超える体重を維持することの拒否

表114　神経性大食症の診断基準（高木，1988）

(1) 過食（binge eating）のエピソードをくり返している（任意の時間に，すごいはやさで大量の食事を摂取する）
(2) 過食中は，摂食行動のコントロールができないことを自覚している
(3) 体重が増えないよう，規則的に自己誘発性嘔吐，下剤または利尿剤の使用，厳格なダイエットあるいは不食，激しい運動などのいずれかを行っている
(4) 最低3カ月以上，平均して毎週2回以上過食のエピソードがある
(5) 体型や体重への過度の関心が続いている

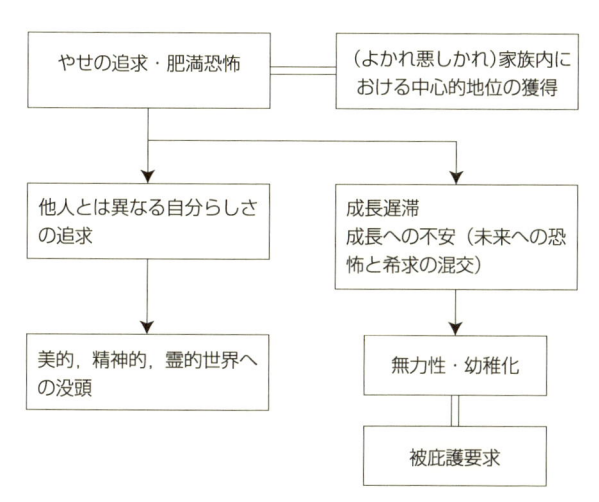

```
やせの追求・肥満恐怖 ── (よかれ悪しかれ)家族内における中心的地位の獲得
        │
   ┌────┴────┐
   ▼         ▼
他人とは異なる   成長遅滞
自分らしさの追求  成長への不安（未来への恐
   │         怖と希求の混交）
   ▼         ▼
美的，精神的，霊的  無力性・幼稚化
世界への没頭     │
             ▼
          被庇護要求
```

図27　思春期やせ症の心理メカニズム（下坂，1987）

表 115　思春期やせ症の程度（下坂, 1987）

(1) 軽　症
① やせの追求が，さほど固定した頑固な観念によって裏打ちされていない
② 過食の程度が軽く，その期間も短い
③ 感情の易動性はめだたない
④ 手首自傷・自殺企図などのあらわな自己破壊性は示さない
⑤ 治療関係のなかで比較的容易に依存感情を示してくるが，治療者を操作するようなふるまいは乏しい
⑥ 親に対する葛藤感情と"無食欲"との関連が比較的容易に自覚され，この問題の解消を患者，治療者の双方がさしたる困難を覚えることなく治療の主題とすることができる
⑦ 双方もしくは一方の親の共感能力にいちじるしい障害はなく，治療への協力が容易に得られる

(2) 定型例
① やせの追求が徹底しており，それが頑固な独特な信念に裏打ちされている
② 自己の心的世界——たとえば古くからいわれている成熟嫌悪，女性性忌避，禁欲主義など——にさしあたりつよい肯定的な意味を付与している
③ "無食欲"や自己の心的世界と家族内葛藤との関連は，容易には肯定されない
④ 治療への導入が軽症例に比べてより困難であり，陰性感情を治療者に容易に向けるが，依存感情は長期間隠蔽するといった目印を見せている

(3) 重　症
① 経過中に習癖化したいちじるしい過食と嘔吐
② アルコール，安定剤，睡眠剤などへの強度の依存
③ 気分のいちじるしい転変
④ くり返される自己破壊的行動
⑤ 行動全般にみられる衝動性
⑥ 摂取した悪い内的対象のイメージを生のまま表現するような訴えが多い
（たとえば，自分の贅肉に家族のおぞましさがくっついている，お腹の中にまっくろなかたまりみたいなものがあってめちゃめちゃに突き刺してしまいたいといった訴え）
⑦ 両親の双方または一方のいちじるしい共感能力の欠如

表116 軽症思春期やせ症に対する段階的対応

	段階的対応
初期	(1) カウンセラーはなるべく女性のほうが望ましい (2) カウンセラーのほうから食事や身体イメージについての話題を進めない (3) クライエントの興味ある話題に即して，カウンセリングの抵抗を弱め，ラポール*を強化させていく（気分の周期がないかどうかをチェックする）
中期	家族の混乱がみられれば，親へのカウンセリングも行う（親と子どもとの一定の距離のとり方を助言していく） (1) 親子関係の問題にふれていき，クライエントの不満や攻撃性を明確化したり，受容していく (2) クライエントに活動の過剰が目立つならば，静養を促していく (3) 今までの交友関係でクライエントがありのままの自分であったかどうかを聞いていく (4) クライエントにカウンセラーへの陽性感情が生じたら，カウンセラーの青年期の回想話とクライエントの食行動や身体イメージの問題についてふれていく （その過程で，クライエントのすねた，いこじな，ひねくれた感情を明確化していく） (5) ある程度の感情の表出と明確化ができたら，カウンセラーのとらえる健全な食行動や身体イメージについて助言していく
後期	(1) 終結期には，クライエントの終結の抵抗が生じやすいので早めに終結についての話をしていく (2) 終結の抵抗が生じたら，そのつど「中期」の話題にもどしていく (3) 交友関係を強化させて，父親との交流を進めていく

(b) 過敏性腸症候群

「過敏性腸症候群」とは，中川（1988）によれば，「内臓その他に器質的な病変はなく，情動ストレス*によって便秘，下痢などの便通異常や腹痛などの症状がみられる症候群」のことをいう。

その原因については，過敏な体質と母親の過保護的養育態度によって形成された神経症的パーソナリティという素因に，(1) 学校でのテスト前の緊張感，(2) 家庭や学校での対人関係上の葛藤，(3) 失恋によるショック，(4) オナニーを行うことの罪悪感などの情動ストレス*が加わって発症しやすいといわれている。表117は，その対応をまとめたものである。

学校現場で，「過敏性腸症候群」の生徒に対して，表117に示す対応を行っても改善がみられない場合には，心療内科や内科の病院を紹介することが望ましい。

表117　過敏性腸症候群の特徴と対応

症候的分類	発症傾向	副次症状	理解のポイント	対　　応
Ⅰ型 腹痛などをともなう便秘を主訴とするタイプ	中学・高校生 女子＞男子	（身体症状）疲労感，不眠，筋肉痛，めまいなど	強い緊張状態と今までがんばらなければならなかった状況を理解する	(1) クラスの席は，一番後ろにしていつでもトイレに行ける状況をつくってやる (2) 症状をもつつらさを受けとめていく (3) 緊張を緩和させるような助言や訓練を行う 　例：自律訓練法*の実施 (4) 抑圧された甘えや依存欲求*を表現させる (5) スポーツを行うことをすすめる (6) 「がんばる人生観」に疑問をもたせ，余裕をつくらせる （症状が強固な場合には，トランキライザー投与も望ましい）
Ⅱ型 神経性下痢を主訴とするタイプ	男子＞女子	（精神症状）抑うつ，心気症，疾病逃避など		

教師―臨床家 Q&A 13

〈Q：質問（教師）〉
　中学生の教師です。「教育相談」を担当していますが，中学生生徒に対して，言語を中心としたカウンセリングはできるのでしょうか。

〈A：答え（筆者）〉
　一般に中学1年生や2年生は，言語での自己表現力や内省力がまだ十分には発達していないので，「遊戯療法*」，つまりカウンセラーとの玩具，描画，〜ごっこ，コラージュ，箱庭に何かをつくることなどを通して自己表現していく方法を行うほうが効果的と思います。しかし，中学3年生ぐらいになると，進路の問題もあり，また言語による自己表現力も発達していくことから，言語を中心としたカウンセリングもある程度は可能だと思います。

教師―臨床家Q&A 14

〈Q：質問（教師）〉

　近頃，いわゆる思いやりの欠如した生徒，相手の立場（気持ち）のわからない生徒，自己中心的な生徒が増えているように思いますが，そのような生徒をどのように指導していけばいいのでしょうか。

〈A：答え（筆者）〉

　昔と比較して，兄弟の数も少なく，しかも親が子どもに過保護・過干渉的態度で関わる現在においては，「思いやり」の心の育成が問題となってきます。臨床家としていえることは，「思いやり」の欠如した生徒に対して個人カウンセリングを行う場合，生徒との相互作用の過程でカウンセラーの気持ちや感じたことをその生徒に返すことをくり返すことによって，しだいにその生徒は，自分が述べたことでカウンセラーは，あんなふうに感じとったのかとわかっていくことがあります。ですから，「思いやり」の欠如した生徒に対しては，こちら側の気持ちや感情を常にフィードバックしていくことが大切ではないかと思います。もうひとつの方法としては，このような生徒に対してグループワークを通して，相手の気持ちや感情を学習させるのもよいと思います。

おわりに

　本書で取り上げたロジャース流のカウンセリングの方法は，時代や心理療法の流派を越えて，古典的なものではなく，基本的なものであり，とくに教師，あるいは臨床家，ケースワーカーは身につけていただきたい。

　わが国の今後の学校カウンセリングのあり方は，どのように展開していけばよいのであろうか。このことは，第1章の第I節で述べた今後の学校教育のあり方と深く関連している。今後の学校教育が，「開かれた学校」のなかで生徒の「自分」の形成や確立をめざすのであれば，これからの学校カウンセリングのあり方は，図28に示すようなシステムの確立とそのそれぞれの目標が必要であろう。

　今日の教師は，学校でさまざまな業務をこなし，多忙な毎日を過ごしている。この多忙ななかから，今よりもさらに合理的に職務を果たしていかなければ生徒への教育に支障をまねきやすい。そのためには，教師は，さまざまな役割の者や同僚と助け合い，連携をとっていく必要がある。とくに教師は，決められた時間内で生徒の心の声を聞き，問題生徒の早期発見につとめることを重視すべきであろう。また，生徒に対しては，広く，「カウンセリングルーム」の存在を呼びかけ，周知させていく必要がある。

　図28に示すように学校のなかには，「父親的存在」の生徒指導教師と「母親的存在」の養護教師がいて，そのそれぞれが各役割を果たしている。また，「スクールカウンセラー」，あるいは「心の教室相談員」「スクールケースワーカー」がいる学校もある。教師は，これらのそれぞれの特徴を知って連携をとっていく必要がある。

　今日の生徒の心の問題に関する最重要課題は，「交友関係のあり方」に関するものであり，これをとくに取り上げているのは筆者による30年以上の青年期の危機に関する調査・臨床研究にもとづいている。この課題を中心にそれぞれの役割の者が，学校のなかで連携をとり合い，人間関係において充実し，調

おわりに

父親的存在
生徒指導教師
○ルールの意味を教える
○自己抑制力の育成

生　徒
カウンセリングルームの存在を知る

母親的存在
養護教師
○心身の調和の育成
○自己表現力の育成

最重要課題
交友関係のあり方についての指導、教育、治療

心の教室相談員
○生徒指導教師の援助
○学習面の援助

教育相談室

スクールカウンセラー
○問題生徒のカウンセリング
○自己表現力の育成
○できれば学校内の調整役の補佐

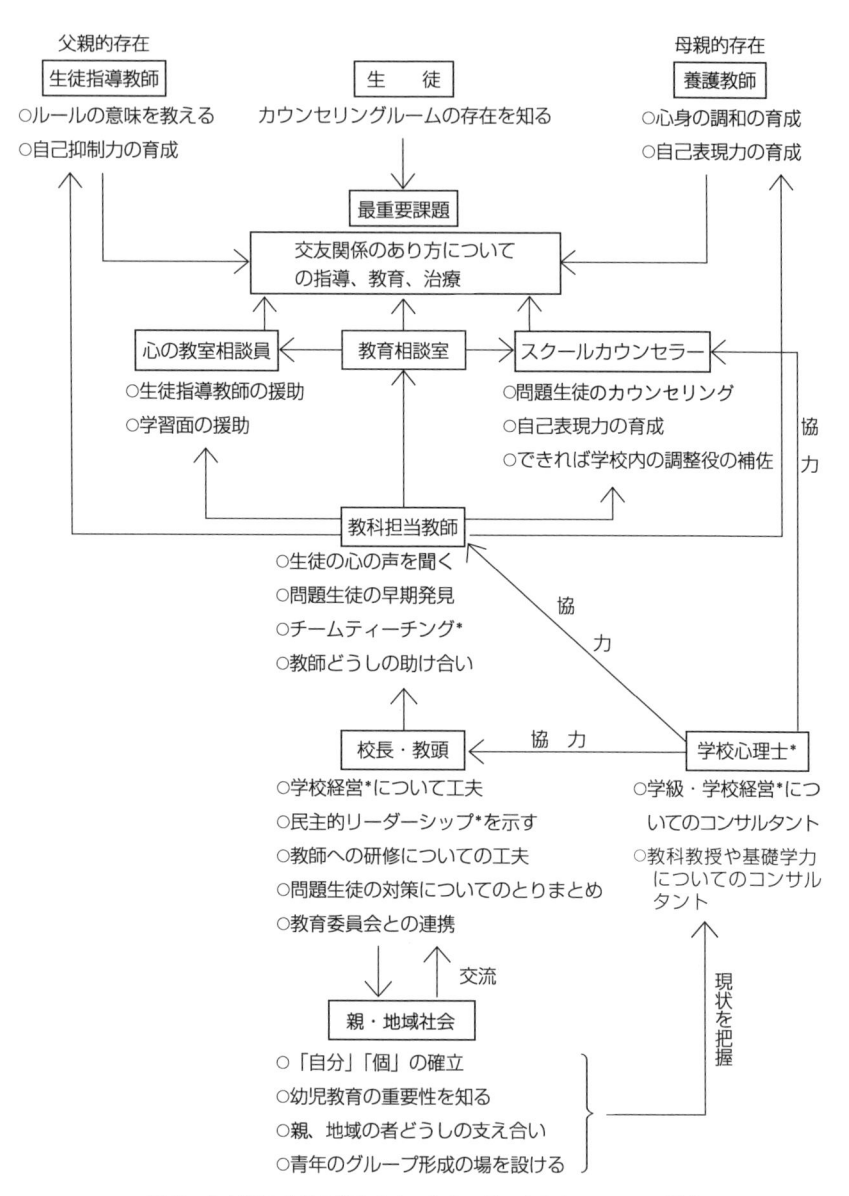

教科担当教師
○生徒の心の声を聞く
○問題生徒の早期発見
○チームティーチング*
○教師どうしの助け合い

協力

校長・教頭
○学校経営*について工夫
○民主的リーダーシップ*を示す
○教師への研修についての工夫
○問題生徒の対策についてのとりまとめ
○教育委員会との連携

協　力

学校心理士*
○学級・学校経営*についてのコンサルタント
○教科教授や基礎学力についてのコンサルタント

交流

親・地域社会
○「自分」「個」の確立
○幼児教育の重要性を知る
○親、地域の者どうしの支え合い
○青年のグループ形成の場を設ける

現状を把握

図28　わが国の今後の学校カウンセリングのあり方についての試案

和のとれた学校をめざしていく必要があるであろう。そのためには，とくに校長や教頭による学校経営※の工夫や教師のさらなる実力養成のための研修についての工夫が必要であろう。

また，校長や教頭は，「開かれた学校」にしていくために，日頃から親や地域社会との交流をしていく必要がある。

一方，親のほうも学校だけに教育期待をよせてはならない。親は，これからの子どもたちが「自分」を形成し，自分なりの「個性」を発見，発揮していくことをめざして，学校教育以前の幼児期における教育，とくに情緒教育と自己制御力の育成の重要性についてを理解していく必要がある。そのためには，私ども大人側の「個」，「自分」の確立が必要であると思われる。このことは，第1章の第Ⅰ節で述べたように容易なことではなく，また相当な時間を要することでもある。文部科学省は，この点をふまえて，幼児教育のあり方の具体案，あるいは現代の学校現場の状況と今後の教育観に即した教員免許のあり方や民主的な教育委員会のあり方の指導の工夫が必要であろう。

また，大学での研究についても今よりもさらに小・中・高校の学校現場に即した実践的な研究を奨励すべきであり，一般市民に対しては何の説得力もない研究のための研究，卓上のみの仮説設定を行う研究者を戒め，研究観の価値の転換をはかるべきであろう。そのためには，大学の教員は，大学教員のいわゆるコネ人事を解体させ，現場に即した教育心理学研究と臨床心理学的研究※との統合をはかるべきであろう。その意味から，今後，「臨床心理士」※と「学校心理士」※との協力・連携も心理学研究者にとっては大きな課題となると思われる。

人の心と社会組織は，流動体であるから，時とともに変化していく。しかし，いかに時が過ぎようとも人の心のなかの魂は本質的には何も変化するはずはない。その魂のなかから現代が本当の価値を見いだしていくことを願ってやまない。

教師―臨床家Q＆A 15

〈Q：質問（教師）〉
　文部科学省によると生徒の「自己学習」能力や「自己教育※

能力を高めることを奨励していますが，実際には，今の生徒はわれわれ教師へ答えをよく聞いてきます。また，臨床心理関係*の本を読むとさかんに「自分さがし」とか「自己発見」，「自己の確立」を説いていますが，実際と理想とは違うようです。生徒の自主性や自分の確立のためには教師はどうしたらよいのでしょうか。

〈A：答え（筆者）〉
大変難しい問題ですね。わが国で長い間培われてきた教育観を抜本的に年月をかけて解決，発展させていかないといけない問題のようです。というのは，教育とは教師が生徒に一方的に教え育てるという考えが長い間，続いているからです。幼児期より，親が子どもに何事も自分で考えさせ，「自主性」の育成を重視していれば，無理なことでもないのでしょうが，わが国の親は，子どもへの情が濃いことから子どもの「自分」の形成に関しては問題を多くもっています。また，「自分さがし」といっても容易ではありません。中年期になって初めて「自分とは」を問い，また「自分の生き方」を見つめる人も多く，このことは人生永遠のテーマではないでしょうか。大切なのは，一般に中学生時に自意識が生じ，高校生時になって自分と他者との比較から自分を見つめること，そのこと自体が重要であることを教師が生徒へ伝えてやることでしょう。しかし，現代では，青年期に「自分」を確立するとか，「自己発見」をするといったことは困難ですから，その課題を避けて「楽しい」ことのみに価値をおく青年たちが増えています。何事も自分でやれる力が必要であること，また，「自分さがし」は人生をかけた永遠のテーマであることを教師は生徒たちに日頃から伝えていくことが大切だと思います。

用語解説 (各用語は，本文中に※印で示している)

愛他行動・愛他心（altruistic behavior） 利己心の反意語として，他人への配慮，寛容さ，親切さ，愛情を愛他心といい，利他心ともよばれる。また，愛他心から生じた行動を愛他行動という。この愛他行動は，外的な報酬を期待することなしに，他人や他の人々の集団を助けようとしたり，こうした人々のためになることをしようとする行為であるから，反社会的行動の反意語として，向社会的行動（prosocial behavior）ともいう。

愛着（attachment） 特定の人間と情緒的に結びつきたい欲求をもつ状態をいう。その対象，愛着行動の様式は変化するが，この欲求は生涯にわたって存在する。愛着の欲求は，先天的にあり，乳児期にこの欲求が充足されれば子どもの環境に対する不安は低くなり，好奇心が高まって，探索行動が始まり，行動範囲は拡大していく。逆に乳児期に愛着欲求が充足されない場合には，その後のパーソナリティ形成において支障をまねきやすい。

アスペルガー症候群（Asperger syndrome） 児童期以後判明されやすい。自閉症の特殊なものとされる。自閉症よりも言語発達がみられ，閉じこもりや衝動的爆発がみられる。

エディプス葛藤（oedipal conflict） Freud, S. は，男児が，無意識のうちに父親を恨み，母親の愛を得ようとし，また，女児が，母親を恨み，父親の愛を得ようとする（この場合はエレクトラ・コンプレックスということもある）態度のことをエディプス・コンプレックス（oedipus complex）とよんだ。エディプス葛藤とは，このコンプレックスに起因した同性の親とのしっくりいかない関係をいう。一般にこの葛藤は，権威の強い父親のいる家庭や社会に属する青年にみられる。

親の養育態度（child rearing attitude） 親の子どもに対する態度のことをいい，子どものパーソナリティ形成において大きな影響をもつといわれている。Symonds, P. M. によれば，親の養育態度は，支配（自発性がなく消極的），服従（無責任で乱暴），保護（情緒的に安定して親切），拒否（落ち着きがなく反社会的），過干渉（幼児的で神経質），過保護（反抗的），無視（攻撃的），残忍（逃避的で強情）の8つに分類でき，この態度内容によってカッコ内に示した特徴の子どものパーソナリティが形成されやすいといわれている。

快楽原則（pleasure principle） 不快を避けて，快を求めようとする傾向のことをいう。Freud, S. は，無意識のエスはこの原則にしたがい，乳幼児は，この原則によって行動を支配されているが，

その後,自我が発達して行動を調整し,現実原則にしたがうようになると説いた。青年や成人でも,夢,空想,白昼夢,遊戯,機智のなかにこの快楽原則に支配される心理過程が現われる。

カウンセリング (counseling)

本書では,Rogers, C. R. のいう非指示的カウンセリングのことを指している。Rogers は,心理療法とカウンセリングを区別しなかったが,わが国では臨床心理士や精神科医が行う場合,心理療法といい,他の職種の者が行う場合にカウンセリングということが多い。

学習障害 (learning disabilities)

知的発達の遅れはなく,聞く,話す,読む,書く,計算,推論のどれかに著しい困難をもつこと。感覚器官,運動機能,情緒の障害はない。

家族力動 (family dynamics)

家族にかぎらず一般にどの集団にも,一部の成員の変化が集団全体に何らかの形で波及する力動が存在する。家族集団の場合のこのような変化を家族力動という。たとえば,夫婦の仲が悪いと,親は弱い立場にある子どもに八つ当たりをしたり,あるいは配偶者に対する愛情をあきらめて子どもを溺愛することで代償満足を得ようとしたりして,家族全体に今までにない変化が生じやすい。

学級経営・学校経営 (class management・school administration)

クラスを構成する生徒の個人としての生活も,クラスというグループの社会生活をも,正しく指導して教育価値のより高い生活をいとなましめるための施設経営を学級経営といい,学校内の教育諸条件の整備,すなわち学校の組織化と機能化をはかる統一的な作用を学校経営という。学校経営に類する用語として,学校管理 (school management) という語があるが,これは,法規の原理に立って教育条件ないし状態を維持する作用として用いることが多い。

学級崩壊 (disturbance of class)

学級集団を単位として教育活動を展開できない状態のことをいう。とくに授業中に私語が多かったり,教室内外をうろうろする生徒がいたり,授業以外のことをしたりして授業が成立しない学級のことをいう。その特徴としては,学級のルールが確立していない,または学級内の生徒どうし,あるいは教師と生徒間の人間関係が成立していないことがあげられる。したがって,生徒たちにルールの意味やその必要性を指導し,心を開いた人間関係を確立させることが重要である

学校心理士 (school psychologist)

日本教育心理学会が,1997年より認定を始めた学会認定の資格。その基礎資格としては,教育職員免許の専修免許状をもち,修士課程で学校心理学に関する所定の科目を履修し,1年以上の学校心理学に関する実務経験を有する者となっている。臨床心理士との連携や協力が,今後必要になってくると思われる。また,本当の学校心理士となるためには,学校現場での生徒や教師と関わっていく必要がある。

観察法 (observation method)
心理現象をありのままに観察して把握する方法をいう。自然的観察法と実験的観察法があり、前者は、人為的条件を加えず、現象を質的、量的にとらえる方法であり、後者は、ある特定条件を導入したり統制することによって組織的な観察を行う方法である。観察の記録は、行動描写法、チェック・リスト法、評定尺度法などがあり、最近では、テープレコーダーやビデオレコーダーを用いることが多い。

基本的信頼感 (basic trust)
Erikson, E. H. が提唱した概念で、乳児が、母親との関係を通して生後1歳半頃までに自分の世界を信頼しうる感覚のことをいう。この時期に不信感覚が信頼感覚よりも強ければ、その後の人生において支障をきたしやすく、心的動揺が激しいととらえられている。

境界例 (borderline case)
臨床現場で、神経症とも統合失調症とも診断しにくい境界に位置づけられる精神障害をいう。今日、境界例の概念は、(1) 神経症の仮面をかぶった統合失調症、(2) 臨床単位的に境界例という独自な病像をもつものの2つがあるが、とくに (2) のほうが注目されている。

また、DSM-Ⅳ-TR では、境界性パーソナリティ障害 (borderline personality disorder) を自己破壊的で他者への評価が逆転しやすく、激怒しやすく、ひとりでいられない、慢性的な退屈さと空虚感、自己同一性の障害などの特徴をもつ者と定義している。

教師期待効果 (teacher expectancy effect)
教師の期待が、子どもに影響や効果をもつことをいう。Rosenthal, R. と Jacobson, L. は、教師が、子どもに対していだいていた期待が、その子どもの学習成績や行動に、教師の期待する方向に作用することを実証している。別名ピグマリオン効果 (pigmalion effect) ともいう。

凝集性 (cohesiveness)
グループが形成されたとき、グループ内のメンバーを相互に結びつけ、グループの分裂や崩壊をしないように働くグループの力のことをいう。

クライエント (client)
カウンセリングを受ける来談者のことをいう。本来は、商売上の取り引きの顧客や裁判などでの訴訟依頼人の意味をもつ。また、病院臨床現場では、クライエントのことを患者 (patient) ということが多い。

現実原則 (reality principle)
幼児期の後半になると自分の行動を調整して、必ずしも目前の快感を追わず、これを延期し、がまんし、ときには断念できるようになる。Freud, S. は、ヒトが、現実生活に適応するために、快感を求める原始的本能的欲求を一時延期したり、永久に断念したりする自我の働きの性質を現実原則と名付けた。自我は、超自我 (道徳的・良心的自我) の統制力をともなってこの現実原則にしたがっている。

コーピング (coping)
日常生活において生じるさまざまな出来事に対して、

解決，対処する技術のことをいう。このコーピングの違いによって同じストレスでも適応していくか，不適応に陥るという結果が生じる。Lazarus, R. S. は，コーピングを，(1) 情動志向的対処（支持を得る，間をおく，回避，自己非難）と(2) 問題志向対処（問題解決，情報の収集，行動の具体化）に分けている。コーピングは，発達段階のなかで適応的課題として獲得されていくが，とくに青年期は，ストレスに直面し，今までのコーピングでは適応しにくい特徴がある。

サイコドラマ（psychodrama）
Moreno, J. L. の考案した心理療法の一種。心理劇ともいう。想像による集団的役割演技を行わせ，その過程で個人の心理的問題の解決をはかるものである。演者，指導者，補助者および観客などで構成し，数名の演者がテーマを決めて即興劇のようにして行う。

自我同一性地位（ego identity status）
Marcia, J. E. は，大学生に対して，職業，宗教，政治の各領域について，自我同一性地位面接を行い，(1) 同一性達成（identity achievement）：同一性を確立している，(2) モラトリアム（moratorium）：同一性を確立するのに迷っている，(3) 早期完了（foreclosure）：青年期以前に目標を決めている，(4) 同一性拡散（identity diffusion）：自分自身が何者かを確立していないの4つの同一性地位を設定している。

自我の強さ（ego strength）
俗にいう精神的な強さのことをいう。自我の強さという用語は，精神分析的自我心理学見地に立つ臨床家によって提唱された。その内容についての説明は，本書の表62に示される。自我の強さは，生来的，気質的であるという見解と乳幼児期の親子関係のあり方が大きく影響を及ぼしているという見解の2つがある。

自我理想（ego-ideal）
自己の理想化のことをいう。理想化された機能としての両親や，理想化された両親の代理や，集団的な理想との同一化によって形成され，自己に対して「あるべき自己の姿やあり方」を示し，自己がそれに一致すべき手本や模範を提供する。

自己愛（narcissism）
俗に「ナルシシズム」，あるいは「ナルシズム」とよぶ。自己を愛の対象とすることを意味しており，人間の発達過程でまず自分を愛する時期を経て（これを1次ナルシシズムという），他者を愛するようになる。しかし，発達しても後に何らかの理由で再び自己へ愛が向けられることもある（これを2次ナルシシズムという）。現代のように他者との関わりが難しい時代になれば，2次ナルシシズム状態に陥りやすい。臨床心理士が，今日，脚光を浴びているのも自己愛の時代背景があると思われる。

自己開示（self-disclosure）
ありのままの自分を隠さず，誠実に，相手に自分のことを知覚できるように，自分自身を示す行為をいう。Jourad, S. M. は，自己開示は精神的な健康と関連があることを示唆している。自己開示には，(1) カタルシス効果，(2) 自己の明確化に

役立つ，(3) 他者と親密な関係ができるの3点の効用がある。しかし，自己開示すればよいというものでもなく，時と場所，相手との関係などの状況によって自己開示の程度を考慮する必要がある。

自己学習（self-learning） 一人ひとりが，自分なりの学習目標を立て，自分の学習計画を作成し，自分なりに，しかし必要ならば教師の助言を得て学習することをいう。これによって，生徒が自らに働きかけ自己を形成する行為を「自己教育」(self-education) といい，その能力を自己教育力という。自己学習は，1972年ユネスコ総会で未来の学習社会をめざす課題としてあげられた。この能力の開発については，内発的動機づけ，自己効力感，自己概念，教授法などからのアプローチがある。

自己実現（self actualization, self realization） 自分のもつ能力を実現しようとすることをいう。とくに Horney, K. は，内的な力をもち，独自で成長の深い源泉をもつ真の自己（real self）の概念を提唱し，この真の自己が発達，成長する経過を自己実現とよんだ。

自己収縮（shrunken self） 劣等感，自己卑下，無力感を示す自己イメージが収縮した状態をいう。この反意語として，全能感に満ちた誇大にふくれあがった自己イメージを誇大自己（grandiose self）という。

自己主張訓練（self assertion training） 自己や他者の欲求，感情，権利を必要以上に阻止することなく自己表現できる訓練のことをいう。米国のSalter, A. が，神経症患者に対して開発し，その後，Wolpe, J. によって行動療法の技法の1つとして体系づけられた。自己主張訓練は，認知，言語，非言語，問題解決場面，ロールプレイの5領域で構成される。とくに言語行動は，断る，ほめる，頼むなどの言語行動を習得し，問題解決場面では，対人葛藤の当事者たちが相互に折り合いをつける交渉過程を学ぶ。日本人の場合，自分の感情を他者へ表現することをためらいがちであるため，とくに感情表現の訓練が必要であると思われる。

自己受容（self acceptance） 現在いだいている自己イメージをありのままに自ら受けいれることをいう。たとえば，吃音をもつ青年に対して，行動療法では吃音を消去させることを治療ととらえ，非指示的カウンセリングでは，青年自らが，吃音をもつ自分自身を受けいれて，理想の生き方を見いだせるようになることを治療ととらえる。

思春期（puberty） 青年期という語に対比して，身体的な成熟が始まる時期をいう。とくに身体，体重，胸囲，座高などが急激に増加する時期をいう。性差や個人差があり，女子のほうが男子より先に始まる。この変化の受けとめ方にも個人差があり，この変化によって自意識も高まり，男らしさや女らしさの性役割の獲得も始まる。現代は，発達加速現象によって身体の成熟のほうは早く始まるが，心の発達は年々遅れており，心身

の発達のアンバランスはますます大きくなっている。

自尊感情（self esteem） 自我による自己の価値評価の程度にともなう感情のことをいう。自尊感情は、自己評価と他者からの評価についての関心の2側面をもっており、この感情は、一般に小学校から高校へ進むにつれて低くなり、また、男子のほうが女子よりも高いといわれている。

自閉症（autism） Kanner, L. によって報告された。男子に多く、3歳までに判明できる。コミュニケーションの障害、活動と興味の範囲の限局を特徴とする。

社会性（sociality） 社会化の結果として身につくものが社会性である。社会性とは、社会的行動の発達の程度のことをいう。他者との相互交流によって社会生活を円滑に送るための基本的態度が養われるのであるが、親のしつけの欠如やきょうだいとの関係、交友関係の乏しさなどから、現代では、非常識な人や自己抑制力の欠ける人、協調性のない人などの社会性に問題をもつ人がめだっている。

生涯学習（lifelong learning） 人が一生をとおして学び続けることをいう。この概念は、1965年ユネスコ会議で「生涯教育」(lifelong education) の基本理念として提唱された。人生のどの段階でもいつでも学べることは重要なことであり、そのためには、社会のあらゆる教育の機会を統合的に整備、充実させようとする考え方が必要である。

自律訓練法（autogenic training） Schultz, J. H. が創始した注意の集中、自己暗示の練習により、全身の緊張を解き、心身の状態を自分でうまく調整できるようになるように工夫された段階的訓練法のことをいう。

心理的距離（psychological distance） 遠いとか近いとかいう物理的距離とは異なって、2者関係で親密・依存的な関係から疎遠で無関心な関係までの度合を意味する。実験心理学では、対人的距離（interpersonal distance）という語を用い、また、臨床場面では、カウンセラーとクライエントとの心理的距離を治療的距離（therapeutic distance）という。

心理療法（psychotherapy） 精神科医などの医師が行う場合には、「精神療法」ということが多い。臨床心理士が、対人関係を通して情緒障害をいやす方法のことをいう。その対象は、神経症水準までの病態水準の者と限定することが多い。そのねらいは、臨床心理士が行う場合には、クライエントの適応を主としているが、医師が行う場合には、「治療」(treatment)、つまり患者を健康な元の状態へもどすことをねらうことが多い。心理療法の各流派は、今日、百花繚乱であり、その療法は、精神分析、行動療法、非指示的カウンセリング、認知療法、ナラティブ療法、箱庭療法など多くある。1つの流派の修得には、約10年を要し、

そのため俗にいう折衷療法はありえない。各療法の修得には，スーパービジョンを要し，わが国では専門的指導者が少ないことから，プロフェッショナルな心理療法が根づかない現状がある。

ストレス（stress）　Selye, H. は，生体が有害な刺激にさらされると，それに応じてその生体は非特異的に防衛的に反応することを発見した。彼は，この有害な刺激を「ストレッサー」(stressor)とよび，これによって受ける障害と防衛反応の総体をストレスと定義した。ストレスには，物理的，化学的，心理的，社会的なものがある。マスコミによると現代の学校現場は，昔よりもストレスが多いというが，このことに関する実証的研究はない。研究に関して，ストレスをまねく出来事についての研究をしていくよりもストレスを受ける生徒の側の心のあり方についての研究のほうが意義があると思われる。

スーパービジョン（supervision）
監督教育ともよばれ，熟練した精神科医，あるいはカウンセラーが，研修生に対して心理療法や心理テストの示唆，助言，指示，支持，明確化を与えることをいう。その形態は，1対1かまたは1対複数で毎週，規則的に行うことが多い。このスーパービジョンを受けて，初めて一人前のカウンセラーや心理テスターになれるのである。

性愛化（erotization）　身体，またはその一部が快感獲得の源泉となることをいう。Freud, S. は，口唇，肛門，性器が乳児期からしだいに性愛化されて快感追求部位になるととらえた。

精神的な健康（mental health）
精神的健康という概念は，価値の内包をもつので科学的探究の対象になりにくいが，一般には，パーソナリティの諸機能に調和と統一がみられ，そのエネルギーが効率的に行動推進に利用され，最高度の発達と最大限の生産性をもたらすようなパーソナリティの状態のことをいう。とくに Shaffer, L. F. は，(1) よい身体的健康の維持，(2) 客観的態度，(3) 自己行為についての洞察，(4) 他者との信頼関係，(5) 現在の状況への注意，(6) ユーモアの感覚，(7) 計画性のある活動，(8) 仕事に対する満足，(9) 休息とレクリエーション，(10) 正常な社会的参加をあげている。

青年期（adolescence）　思春期(puberty)とは，身体的変化を中心にとらえた用語で,第2次性徴の始まる12歳頃から15歳頃までの時期をいい，青年期とは，心理的変化を中心にとらえた用語で，12歳頃から大人になるまで，つまり心が成熟するまでの時期をいう。

躁的防衛（manic defense）　青年期は，親からの分離―個体化の過程であり，それ自体一つの内的な対象喪失の過程である。したがって，青年は，淋しさと悲哀感・空虚感をもっている。これらの感情を防衛するために，青年は，性的な耽溺，シンナー遊び，ロックやバイクなどの狂騒への耽溺，過食などのさまざまな躁的な行為を示しやすい。これを精

神分析では躁的防衛という。つまり、この防衛機制は、依存の否認ととらえられる。

ソーシャルスキル（social skill） あいさつをする、笑顔を向け、声をかけ、頼みごとをし、相手を傷つけないようにことばを選び、断り、妥協するなど、対人関係を円滑に保つさまざまな技能をソーシャルスキルという。最近では、臨床分野でこの技能の訓練を開発し、ソーシャルスキルトレーニング（SST）を実施している。学校現場でもこの SST をとおして生徒の緊張と不安を低減させ、情緒の安定をはかっている学校もある。

退行（regression） 発達、または進化のうえで、前の状態・前の時期に返ることをいう。とくに精神分析療法では、欲求不満状態に陥ったために前の段階で用いた欲求満足の方法を再現することをいう。退行には、病的な退行、つまり未解決な外傷的な段階への退行と健康で創造的な退行、つまり葛藤が生じる以前の段階への退行の2つがあるといわれている。

対症療法（symptomatic treatment） 症状や問題行動の根源を直接改善（治療）しないで目前の症状や問題行動の対処や対応を行うことをいう。

第2次反抗期（second negative phase） 子どもが成長する過程において、親やまわりの人に反抗的な態度を強く示す時期を反抗期といい、3歳前後の第1次反抗期と12歳頃から15歳頃までの第2次反抗期がある。第2次反抗期は、自我の芽ばえととらえられ、とかく感情的になり、親や教師に対して特異な行動を示して挑発したり、ある意見を頑固に自己主張したりしやすい。

チームティーチング（team teaching） 複数の教師が、協力しあって生徒たちの指導にあたる教育方法のことをいう。1950年代に米国において「指導の個別化」をめざして始まった。この方法には、教師メンバーがチームリーダーを中心として縦関係に構成される「ハイラルキー」型、教師たちが対等に指導にあたる「ホリゾンタル」型、とくに関連教科中心の「異教科チーム」型の3つがあるが、わが国では「ホリゾンタル」型が多い。複数の教師によって生徒一人ひとりの個性やニーズに対応していくことをねらいとしている。この方法によって、わが国の一国一城主担任制の解体や教師どうしの助け合い、生徒一人ひとりの個性化の指導が可能になると思われる。

注意欠陥多動性障害（ADHD；attention deficit hyperactivity disorder） 7歳未満に発症し、落着きのなさ、注意集中が困難、多動、衝動性を特徴とする。薬物療法が奏効することもある。

治療構造（structure of psychotherapy） カウンセリングや心理療法を行ううえでの治療関係の構造をいう。たとえば、(1) カウンセラーとクライエントとの組み合わせ、(2) 1対1の面接か並行面接か合同面接か、(3) 面接回数や

面接時間, 面接の場所, (4) カウンセリングを受ける料金は有料か無料か, (5) カウンセリングを行ううえでのルール, (6) 秘密の保持は守られているかなどがあげられる。ひとたび治療構造が設定されると, この構造が, 治療関係のあり方やカウンセリング過程を規定する要因として働く。

適応 (adjustment) 個人が, 環境との間に主体的な調和が保たれ, 安定した望ましい関係にある状態をいう。一方, 順応 (adaptation) とは, 個人の機能, 状態などを受身的に外的条件に応じて変化させる場合をいう。適応を考える場合には, 健康, 病気, 価値, 目的などについての内容の吟味・検討が必要になってくる。

同一化 (identification) 同一化は, (1) 自己と対象, または対象相互間の境界があいまいになること (この場合同一視ともいう), (2) 自己が対象のもつ諸属性を取り入れる心理機制の2つの意味をもつ。また, 発達的にとらえて, 自他未分化な時期の同一化を第1次同一化 (primary identification), 自己と他者が分化できた時期の同一化を第2次同一化 (secondary identification) という。

洞察 (insight) クライエントが, カウンセラーの直面化, 明確化, 解釈によって, それまで気づかないでいた自己の内面について深く理解するようになること, 新しい視点が広がることをいう。一般には, 「ああ, そうだったのか」という情動体験をともなうことが多い。

特別支援教育 (education for children with special needs) 文部科学省は, 2005年4月に発達障害者支援法を施行した。この法律にもとづき, おもに自閉症, ADHD, LD などの生徒に適切な指導を行うことをいう。イギリスをモデルとし, 学校の中に特別支援教育コーディネーターの教員を配置する。

万能感 (feeling of omnipotence) 全能感ともいう。自己, または対象の現実的制約を否認していだく全能の感情のことで, 自我発達上では, 乳児期に万能感を得ることは重要ではあるが, 青年期までに誇大な自己を客観視させて, 適切な脱錯覚が果たされることも重要である。

秘密の厳守 (keeping the client's secret) カウンセリングや心理療法は, クライエントの心の内面を取りあつかうものであるから, カウンセラーは, クライエントの述べた内容をカウンセリング場面外で報告・公表してはならない。この秘密の厳守があってこそ, クライエントは, カウンセリング場面で自由に自己表現できるのである。

病態水準 (severity of psychopathology) ある精神障害が, 神経症水準か, 境界例水準か, 精神病水準かのいずれに属するかといった障害の重篤度を表現する用語である。この水準を明らかにすることによって初めて適切な治療方針が打ち出される。このことは, 容易なことではなく, 臨床心理士のなかにも病態水準を識別できない者が多くいる。

フロイド (Freud, S.) (1856〜1939)

ウィーンの神経学者，精神分析の創始者。ヒステリー患者に対して催眠療法の試みから，神経症は，無意識の欲求の抑圧によって生じているという独自な神経症論を打ち出した。その後，自由連想法を用いて，さまざまな神経症の原因や発達論を唱え，「無意識の意識化」という精神分析療法を確立していった。とくに彼の唱えたエディプス・コンプレックスや幼児性欲論は，その当時としては画期的なものであった。その後，自らの臨床経験をもとにして，人間の本能の重要さを強調し，それを芸術論や社会文化論まで展開していった。彼の弟子に Jung, C. G. や Adler, A. などもいて，今日の心理学や精神医学に大きな影響や貢献を与えている。

分離不安 (separation anxiety)

母親から離れたときにいだく子どもの不安をいう。比較的に年長になっても別離や孤独なときにこの不安が出現しやすい。臨床的には，生後8カ月の人見知りの時期を母親からの分離不安の始まりととらえる。

防衛機制 (defense mechanisms)

個人が，不快な状況や欲求の不満足に当面したときに自分を守ろうとして，自動的・無意識にとる後天的な適応の仕方をいう。これによって欲求，不安，葛藤による緊張を減退させる。防衛は，外界への適応と自己の欲求の充足との葛藤を解決し，外界に適応する過程で形成されるという意味で適応機制 (adjustment mechanisms) とみなすことができる。

モラトリアム (psycho-social moratorium)

心理社会的猶予期間ともいい，青年が，自我同一性を確立するための準備期間のことをいう。この間に青年は，社会的役割実験を重ねて，将来への展望，自己の確信，性役割の同一化，思想の選択，権威の評価などを行っていく。

遊戯療法 (play therapy)

おもに幼児や児童を対象に遊びを主要な治療手段とする心理療法のことをいう。幼児や児童は，言語や観察自我の発達が不十分なために，遊ぶという体験を通して他者とコミュニケーションを行ったり，現実を支配する自我の能力を高める。遊戯療法は，カウンセラーとの遊びを通して子どもの心の発達を促すことをねらいとし，一般には，身体的に危険のない 13 m²〜18 m² の広さの部屋でさまざまな遊具を用いて行われる。

よい教師 (better teacher)

よい教師の「よい」は，良，善，好，宜などさまざまな意味をもち，また，誰が教師を評価するかによって意味が異なってくる。しかし，一般には，生徒にとって好かれる教師のことをいい，その特徴として，明朗，やさしさ，親しみやすさ，情緒の安定などがあげられる。また，好かれる教師の態度として，公平さ，熱心さ，指導力のあること，教養があることなどがあげられる。逆に嫌われる教師の特徴として，不公平，おこりっぽい，頑固，いばるなどがあげられる。

ラポール (rapport)

ふたりの考え

や興味，感情が一致して両者が結ばれるときの関係をいう。とくにカウンセラーとクライエントとの安心，信頼，親密に充ちた関係のことをいう。ラポートともよばれる。カウンセリングは，ラポールなくして展開できない。

リーダーシップ（leadership） グループがある目標に到達するよう援助し影響を与えるさまざまな行為の遂行をいう。リーダーシップの機能は，(1) 目標達成に貢献する機能，(2) グループ自体を維持し，強化する機能の2つがある。

了解可能（comprehensible） 了解とは，精神的なものを内的，直観的にとらえることをいう。理解は，了解のうちのとくに知的なものをさす。とくに統合失調症者が，支離滅裂な発言をする場合を了解不可能（不能）という。また，了解心理学とは，精神は，自然科学のように心的行為を分析する方法ではつかむことができない，それは了解的方法を用いて研究すべきであるという考え方をいう。

両価感情（ambivalence） 同一の対象に対して，愛と憎しみ，肯定的感情（態度）と否定的感情（態度）のような相反する感情，態度が同時に存在する状態をいう。アンビバレント（ambivalent）は形容詞。

臨床心理学（clinical psychology） 人間の適応という問題に心理学的原則を応用する科学及びその技術。「精神医学」（psychiatry）との境界は不明瞭であり，応用心理学の1つともいわれている。わが国の心理学分野では，1988年までは「行動科学」(behavior science) を主体とする心理学分野が優勢であったが，それ以後，臨床心理士資格認定が制定され，臨床心理学を専攻する学生が増加し始めた。この分野の研究方法は，「事例研究」(case study) が主体であることから，実験心理学者から科学性がないと批判され続けた。しかし，心の問題をもつ生徒が増え，また社会が激動し始めたことから，世間はこの分野に注目し始めた。

臨床心理士（clinical psychologist） 心理臨床家ともいう。悩みをもつ者や心を病む者に対して臨床心理学的な方法を用いて貢献できる者をいう。貢献できるといっても報酬ももらわず，ボランティア的に貢献していく考え方と専門的な職業として貢献していく考え方の2つがある。1988年日本心理臨床学会を中心に日本臨床心理士資格認定協会を発足させ，「心の専門家」として臨床心理士の認定を始めた。この資格認定では，心理テスト，心理療法の修得，地域精神衛生に関わる能力をもっていること，および研究や調査の資質を有すること，最近では，発達障害の者への指導を行うことなどがあげられている。また，似たような資格として日本カウンセリング学会が認定する認定カウンセラーもある。資格をもつことよりも本当にクライエントに貢献するためにはどうしたらよいのかについて臨床家として，現実感覚をもって生涯をかけ腕を上げていくことのほうが重要である。

レディネス（readiness）

準備性とも訳され，学習を行ううえで，一定段階の身体的発達，成熟，知識，経験，態度が用意されている状態をいう。このレディネスは，成熟と学習の相互作用によって形成されるもので，成熟と学習のいずれがレディネスの形成にとって重要かという考え方によって，子どもに対する教育観も異なってくる。

ロジャース（Rogers, C. R.）（1902～1987）

米国の心理学者，非指示的カウンセリングの創始者。農学部を卒業後，再びコロンビア大学で教育心理学や臨床心理学を学び，その後，臨床実践をしながら，米国の多くの大学で教授を歴任した。彼の業績は，ロジャース全集にまとめられている。とくに彼の業績として，(1) 自分自身の直接経験（クライエントをふくめて）をもっとも大事に思い，そこに最高の権威をおいたこと，(2) 他者との心の通いこそ何ものにもまして彼の心を豊かにし喜ばせる経験であったことがあげられる。とくに彼は，従来のカウンセラーの権威にクライエントを従属させ，クライエントをカウンセラーが操作するカウンセリングを批判した。また，カウンセリングの科学的研究への道も開拓し，今日のロールプレイングの実習やカウンセリング場面の録音研修の基盤を築いた。晩年は，弟子の Gendlin, E. T. の体験過程理論の助言やエンカウンター・グループ（encounter group）の普及にも貢献した。

ロールプレイング（role playing）

臨床訓練の場で個人が演ずる役割行動の演技をいう。一般に役割の獲得には，消極的に伝統的な習慣や行動を受け取る場合（role taking）と積極的自発的に創造性をもって受け取る場合（role playing）とがある。本来，ロールプレイングは，心理劇の技法の1つであったが，今日，個人カウンセリングや集団カウンセリングの教育訓練に用いられている。臨床心理士になるには，学部生の時にロールプレイを行うべきである。

参考文献

第 1 章

秋山俊夫・亀口憲治　1980　パーソナリティと適応　福岡教育大学心理学研究室（編）教育心理学図説　北大路書房

Boy, A. V. & Pine, G. J.　1963　*Client-Centerd Counseling in the Secondary School.* New Hampshire: New Hampshire University Press.（野村東助監訳　1976　これからの学校カウンセリング　同文書院）

Caplan, G.　1964　*Principles of Preventive Psychiatry.* New York: Basic Books（新福尚武監訳　1970　予防精神医学　朝倉書店）

Corsini, R. J.　1957　*Methods of Group Psychotherapy.* New York: McGraw-Hill.

Fiedler, F. E.　1950　The concept of an ideal therapeutic relationship. *Journal of Consulting Psychology*, **14**, 239.

Freud, S.　1923　*Das Ich und das Es.* Vienna: S. Fischer Verlag.（井村恒郎訳　1970　フロイド選集4　自我論　日本教文社）

全国教育研究所連盟　1986　新しい生徒指導の視座　ぎょうせい

全日本中学校長会　1979　教員養成制度の改善等に関する調査

原野広太郎　1984　日本相談学会第16回大会記録　相談学研究　**17**, 33.

春木　豊（編）　1987　心理臨床のノンバーバル・コミュニケーション　川島書店

Herr, E. L.　1978　日本学生相談研究会での講演で「カウンセリングの定義」を述べた記録

飯田澄美子　1983　どういう養護教諭を望むか　教育と医学　**31**, 595.　慶応通信

井坂行男・坂本昇一　1965　カウンセリングと生活指導　文教書院

片山登和子　1969　発達的にみた青年期治療の技法原則　精神分析研究　**15**, 1.

北島　丕　1977　高校生のエンカウンターグループ　村山正治（編）エンカウンターグループ　福村出版

北九州市学校保健会養護部会　1981　研究報告書

國分康孝・米山正信　1976　学校カウンセリング　誠信書房

國分康孝　1987　学校カウンセリングの基本問題　誠信書房

國分康孝（編）　1997　子どもの心を育てるカウンセリング　学事出版

前田重治　1976　心理面接の技術　慶応通信

前田重治　1985　図説臨床精神分析学　誠信書房

文部科学省　1970　学級担任の教師による生徒指導　生徒指導資料　第6集　大蔵省印刷局

文部科学省　1981　生徒指導の手引　改訂版　大蔵省印刷局

文部科学省　1998　幼稚園，小学校，中学校，高等学校，盲学校，聾学校及び養護学校の教育課程の基準の改善について　文部広報　994号

文部科学省　1998　小学校学習指導要領　大蔵省印刷局
村山正治　1998　あとがき　氏原　寛・村山正治（編）　今なぜスクールカウンセラーなのか　ミネルヴァ書房
長尾　博　1986　青年期カウンセリングの方法　前田重治（編）　カウンセリング入門　有斐閣
西沢尚代・樋野恭子　1994　養護教諭の相談活動の実態　大阪教育大学養護教諭養成課程卒業論文
野淵龍雄　1997　今後における進路指導，生徒指導，教育相談およびスクールカウンセリング等の指導体制の在り方に関するアンケート調査結果報告書
小川一夫　1956　児童生徒の問題行動に対する教師の態度に関する研究　第二報告　島根大学論集　**6**, 1.
小川一夫　1958　児童生徒の問題行動に対する教師の態度に関する研究　第四報告　教育心理学研究　**5**, 80.
小倉　学・鈴木純子　1983　校長・教員の養護教諭観に関する研究　健康教室　第374集
小此木啓吾　1964　精神療法の理論と実際　医学書院
Rogers, C. R.　1942　*Counseling and Psychotherapy*.　Boston: Houghton Mifflin（佐治守夫監訳　1967　ロジャーズ全集　2巻　岩崎学術出版）
Rogers, C. R.　1957　The necessary and sufficient conditions of therapeutic personality change. *Journal of Consulting Psychology*, **21**, 95.
仙崎　武・吉田辰雄（編）　1980　学校生徒指導の理論と実践　福村出版
土田修録　1984　日本相談学会第16回大会記録　相談学研究　**17**, 35.
東京都文教委員会　1982　東京都議会文教委員会議事録
内山喜久雄　1987　日本相談学会第19回大会記録　カウンセリング研究　**20**, 55.
Wickman, E. K.　1928　*Children's Behavior and Teachers' Attitudes*.　New York: Commonwealth Fund.
Williamson, E. G.　1930　*How to Counsel Students*.　New York: McGraw-Hill.

第2章

Allport, G. W.　1961　*Pattern and Growth of Personality*.　New York: Holt（今田恵監訳　1968　人格心理学　上・下　誠信書房）
Barron, F.　1953　An ego-strength scale which predicts response to psychotherapy. *Journal of Consulting Psychology*, **17**, 327.
Beavers, W. R.　1982　Healthy midrange and severely dysfunctional families. In F. Walsh（Ed.）*Normal Family Process*.　New York: Guilford.
Brittain, C. U.　1963　Adolescent choices and parent-peer cross pressures. *American Sociological Review*, **28**, 358.
Coddington, R. D.　1972　The significance of life events as etiologic factors in the disease of children, *Journal of Psychosomatic Research*, **16**, 7.

Eisenberg, N. H. 1976 *The Development of Prosocial Moral Judgement and Its Correlates.* Berkeley: University of California.
Erikson, E. H. 1959 *Identity and the Life Cycle.* New York: International Universities（小此木啓吾監訳 1973 自我同一性 誠信書房）
Erikson, E. H. 1968 *Identity-Youth and Crises.* New York: W. W. Norton（岩瀬庸理訳 1969 主体性 北望社）
Freud, A. 1958 Adolescence. *The Psychoanalytic Study of the Child*, **13**, 255.
Freud, S. 1905 *Drei Abhandlungen zur Sexualtheorie*, Vienna: S. Fischer Verlag.（懸田克躬訳 1953 フロイド選集5 日本教文社）
Freud, S. 1916 *Vorlesungen der Einführung in die Psychoanalyse*, Vienna: S. Fischer Verlag. （井村恒郎・馬場謙一訳 1970 フロイド選集1・2 日本教文社）
Friedman, S. M. 1952 An empirical study of the castration and oedipus complex. *Genetic Psychology of Monographs*, **46**, 61.
Havighurst, R. J. 1953 *Human Development and Education.* New York: Longmans Green（荘司雅子訳 1958 人間の発達と教育 牧書店）
Jung, C. G. 1913 *Versuch einer Darstellung der Psychoanalytischen Theorie*, Zurich: Rascher Verlag.
柏木惠子 1988 幼児期における自己の発達 東京大学出版会
小林さえ 1968 ギャングエイジ 誠信書房
Lazarus, R. S. 1963 *Personality and Adjustment.* New York: Prentice Hall.
Lazarus, R. S. & Folkman, S. 1984 *Stress, Appraisal, and Coping.* New York: Springer.
Lewis, J. M. et al. 1976 *No Single Thread.* New York: Brunner/Mazel（本多裕・国谷誠朗訳 1979 織りなす綾 国際医書出版）
前田重治 1976 心理面接の技術 慶応通信
Mannarino, A. P. 1976 Friendship patterns and altruistic behavior in preadolescence males. *Developmental Psychology*, **12**, 555.
文部科学省 1998 幼稚園教育要領
長尾　博 1986 青年期カウンセリングの方法 前田重治（編） カウンセリング入門 有斐閣
長尾　博 1989 青年期の自我発達上の危機状態尺度の作成の試み 教育心理学研究 **37**, 71.
長尾　博 1989 青年期の家族関係 平井誠也・藤土圭三（編） 青年心理学要論 北大路書房
長尾　博 1997 前思春期女子の chum 形成が自我発達に及ぼす影響 教育心理学研究, **45**, 203.
長尾　博 1999 青年期の自我発達上の危機状態に影響を及ぼす要因 教育心理学研究, **47**, 141.
長尾　博 2005 青年期の自我発達上の危機状態に関する研究 ナカニシヤ出版
長尾　博 2007 青年期の危機尺度（ACS） 千葉テストセンター

長尾　博　2009　昨今の青年期クライエントの特徴とその対応をめぐって　日本カウンセリング学会第42回大会委員長講演
Olson, D. H., Portner, J., & Lavee, Y.　1985　*Family adaptability and cohesion evaluation scale*. Minnesota : University of Minnesota.
Radke-Yarrow, M., Zahn-Waxler, C., & Chapman, M.　1983　Children's prosocial disposition and behavior, In, P. H. Mussen（Ed.）　*Handbook of Child Psychology*. New York : Wiley.
Reiter, L. & Strotzka, H.　1977　Der Begriff der Krise, *Psychiatria Clinica*, **10**, 7.
仙崎　武・野々村　新（編）　1984　学校進路指導　福村出版
Sullivan, H. S.　1953　*The Collected Works of Harry Stack Sullivan, I*. New York : W. W. Norton.
Super, D. E.　1970　*Work Value Inventory*. Boston : Houghton Mifflin.

第 3 章

American Psychiatric Association　2000　*Diagnostic and Statistical Manual of Mental Disorders*, 4th ed. Washington, D. C. : American Psychiatric Association.（高橋三郎・大野裕・染矢俊幸訳　2002　DSM-IV-TR 精神疾患の診断・統計マニュアル　医学書院）
Bleuler, E.　1911　Dementia praecox oder Gruppe der Schizophrenien. In Herg von G. Aschaffenburg（Ed.）　*Handbuch der Psychiatrie*. Leipzig-Wien : Franz Deuticke（飯田　真監訳　1974　早期性痴呆または精神分裂病群　医学書院）
江幡令子・高橋義人　1982　家庭内暴力　学事出版
遠藤辰雄　1968　非行の原因・特性・傾向　大山信郎ら（編）　特殊教育事典　第一法規出版
深谷和子　1996　「いじめ世界」の子どもたち　金子書房
Healy, W. H.　1915　*The Individual Delinquent*. Boston : Little Brown.
稲村　博　1980　家庭内暴力　新曜社
河井芳文　1981　学業不振児　藤永　保ら（編）　新版心理学事典　平凡社
Kiloh, L. G. & Garside, R. F.　1963　The independence of neurotic depression and endogenous depression. *British Journal of Psychiatry*, **109**, 451.
北村陽英　1986　学校精神衛生　清水将之（編）　思春期問題への医学的アプローチ　ライフ・サイエンス・センター
黒川昭登　1978　非行をどのように治すか　誠信書房
前田重治　1976　心理面接の技術　慶応通信
松原達哉　1968　学業不振児の原因と診断　大山信郎ら（編）　特殊教育事典　第一法規出版
森田洋司・清永賢二　1986　いじめ　金子書房
中川哲也　1988　心身症　島薗安雄ら（編）　図説医療精神医学講座 5　成人の精神医学 A　メジカルレビュー社

日本学校保健会　1994　保健室利用状況に関する調査報告書
西園昌久　1988　神経症　島薗安雄ら(編)　図説医療精神医学講座5　成人の精神医学 A　メジカルレビュー社
小口忠彦　1968　学業不振児の教育　大山信郎ら(編)　特殊教育事典　第一法規出版
大原健士郎　1972　自殺論　太陽出版
坂野雄二(編)　1990　登校拒否・不登校　同朋舎
Salomon, G.　1972　Heuristic models for the generation of Aptitude-Treatment Interaction hypothesis. *Review of Educational Research*, **42**, 327.
下坂幸三　1987　思春期やせ症と近縁状態　島薗安雄ら(編)　図説医療精神医学講座4　青年精神医学　メジカルレビュー社
新福尚武(編)　1984　精神医学大事典　講談社
高橋隆一・野本文幸・奥寺　崇・中屋みな子　1988　中学生の精神保健実態調査　児童青年精神医学とその近接領域　**29**, 326.
高木洲一郎　1988　摂食障害治療の展望　精神科治療学　**3**, 459.
土屋　守　1997　現代のいじめの構造といじめられる側の心理　教育と医学　**524**, 55, 慶応通信
内山喜久雄　1963　問題児臨床心理学　金子書房
頼藤和寛　1986　不登校・心身症　清水将之(編)　思春期問題への医学的アプローチ　ライフ・サイエンス・センター

索引

人名索引

[ア]
アイゼンバーグ（Eisenberg, N. H.） 89,90
秋山俊夫 28
アドラー（Adler, A.） 158
飯田澄美子 13
井坂行男 22
稲村 博 130
ウィックマン（Wickman, E. K.） 67
ウィリアムソン（Williamson, E. G.） 45,55,56
ウォルピ（Wolpe, J.） 153
内山喜久雄 17,113,114
江幡令子 129
エリクソン（Erikson, E. H.） 75,77,103,104,151
遠藤辰雄 123
大原健士郎 132
小川一夫 67
小口忠彦 117,118
小此木啓吾 56
オルソン（Olson, D. H.） 86,87
オルポート（Allport, G. W.） 75

[カ]
ガーサイド（Garside, R. F.） 135
柏木恵子 110
片山登和子 10
カナー（Kannar, L.） 154
亀口憲治 28
河井芳文 117
北島 丕 23
北村陽英 116

キャプラン（Caplan, G.） 37
清永賢二 119-121
キロー（Kiloh, L. G.） 135
クレッチマー（Kretschmer, E.） 77
黒川昭登 116
國分康孝 24,31,56,57
小倉 学 13
コーシニ（Corsini, R. J.） 22
コーディントン（Coddington, R. D） 83
小林さえ 89

[サ]
サイモンズ（Symonds, P. M.） 149
坂野雄士 126
坂本昇一 22
サリヴァン（Sullivan, H. S.） 82,88,89,97
サルター（Salter, A.） 153
サロモン（Salomon, G.） 117,118
ジェイコブソン（Jacobson, L.） 151
シェーファー（Shaffer, L. F.） 155
ジェラード（Jourad, S. M.） 152
ジェンドリン（Gendlin, E. T.） 160
下坂幸三 138-140
シュルツ（Schultz, J. H.） 154
新福尚武 132,133

ストロツカ（Strozka, H.） 82
スーパー（Super, D. E.） 103,104
セリエ（Selye, H.） 155
仙崎 武 10,12,103

[タ]
高木淵一郎 139
高橋隆一 126
土田修緑 29,30
土屋 守 119

[ナ]
長尾 博 64,77,84,86,92,94,101
中川哲也 137,141
西沢尚代 19
西園昌久 133
野淵龍雄 19,20

[ハ]
ハー（Herr, E. L.） 45,46
ハヴィガースト（Havighurst, R. J.） 76
原野広太郎 17
春木 豊 44,58
バーロン（Barron, F.） 92,94
樋野恭子 19
ビーバース（Beavers, W. R.） 86,87
ヒーリー（Healy, W. H.） 123
フィードラー（Fiedler, F. E.） 57
フォークマン（Folkman,

人名索引

S.) 101
深谷和子 119,120
ブリティン (Brittain, C. U.) 97
フリードマン (Friedman, S. M.) 84
フロイド・S (Freud, S.) 7,83,84,99,149,151, 155,158
フロイド・A (Freud, A.) 77
ブロイラー (Bleuler, E.) 134
ヘルバルト (Herbart, J. F.) 7
ボウイ (Boy, A. V.) 16,61
ホルネイ (Horney, K.) 153

[マ]
前田重治 60,62,75,76,115, 137
松原達哉 117
マルシア (Marcia, J. E.) 152
マンナリノ (Mannarino, A. P.) 90
村山正治 19
モレノ (Moreno, J. L.) 152
森田洋司 119-121

[ヤ]
ユング (Jung, C. G.) 3, 84,158
頼藤和寛 127

[ラ]
ライター (Reiter, L.) 82
ラザルス (Lazarus, R. S.) 82,100,101,152
ラドケ-ヤーロウ (Radke-Yarrow, M.) 98
ロジャース (Rogers, C. R.) 3,45,46,52,82,100,145, 149,160
ローゼンタール (Rosenthal, R.) 151
レヴィース (Lewis, J. M.) 86

事 項 索 引

[ア]
愛他行動　89,149
愛他心　89,149
愛着　84,98,149
アスペルガー症候群　38,149
アンビバレンス(両価感情)
　　64,79-81,93,95,159
いじめ　1,19,79,116,118-
　　122,128,131
　　――の早期発見　119,121,
　　122
いじめられる　86,110,121,
　　122,127,128,131
依存(性)　46,57,59,62,63,
　　93,103,114
いのちの電話　131
裏方の仕事　37
エス(イド)　7,77
SST　156
エディプス・コンプレックス
　　82-84,100,149
エレクトラ・コンプレックス
　　82-84,100,149
大人になる　75
踊り(カウンセラーによる)
　　59
親の養育態度　27,28,94,
　　106,128,129,141,149
親へのカウンセリング　22

[カ]
解決志向療法　51
解釈　64
外罰　116
回避反応説　128
快楽原則　6,149
解離性健忘　133
カウンセリング・マインド
　　8,54
カウンセリングルーム　13,
　　19,20,38-42,48,50,145,
　　146
学業不振　117-119,131
学習障害　38
過呼吸　133
家族関係のあり方　82,86,
　　88,92,97,98,100
家族の精神的健康さ　86,87
学校カウンセリング　6,13,
　　16,17,21,30,34,47,50,
　　51,55,61,66,67,72,112,
　　122,124,134,138,145,
　　146
学校経営　17,22,29,30,31,
　　146,147,150
学校心理学　31
学校心理士　31,146,147,150
学級経営　17,22,29,30,31,
　　150
学級崩壊　31,118,150
家庭内暴力　129,130
家庭内力動　129
過敏性腸症候群　137,138,
　　141,142
観察法　43,151
拮抗理論　97,98
逆転移　24,55,56,59-61,64,
　　69
ギャングエイジ　90
境界性パーソナリティ障害
　　(境界例)　115,151
教育相談　5,10,11,14,19,
　　21,36,45,72,112,142
共感　55,75,89,90,93
教師期待効果　43,151
凝集性　24,86,87,89,151
共生　128
空虚感　3,136
くり返し　53,57
グループアプローチ　23-25
現実感覚の欠如　94,95
現実吟味能力　76,94,118,
　　119,122,127
現実原則　6,9,11,12,151
現実自己　100
研修　66,67
高校中退　103
向社会的行動　89
校則　31,33,111
行動化　24,59,63,64,69,116
校内暴力　31,118,122
交友関係のあり方　82,88,90
　　-92,97-100,109,145,146
交友関係の問題　92,109
心の教室相談(員)　18-20,
　　29,32,36,37,54,66,145,
　　146
心の問題　3,9,13,15,27,29,
　　32,34-36,39,43,44,46,
　　47,56,66,86,107,113,
　　114
誇大自己　130
コーピング(対処方略)
　　100,151
コンサルテーション　22,36,
　　37

[サ]
サイコドラマ　22,152
自我異和的　116
自我親和的　116
自我同一性(アイデンティティ)　62,76,77,85,98,
　　103-105,152
自我の強さ　48,62-64,75,
　　76,82,92,94,97-100,
　　115,152
自我理想　10,152
自己愛　107,115,152
自己開示　51,80,81,92,93,
　　95,152
自己学習　147,153
自己実現　2,5,12,57,110,

事項索引

111, 153
自己収縮 80, 81, 93, 95, 153
自己主張訓練 110, 153
自己受容 136, 153
自己制御 109, 110, 147
自己像防衛説 128
自己洞察 11, 24, 65
自己表現 64, 123, 142, 146
自己抑制（力） 109-111, 118, 119, 122, 123, 146
自殺 121, 131, 132
思春期の危機 77
思春期やせ症 138-141
自尊感情（自尊心） 30, 65, 88, 90, 121, 127, 128, 135, 154
疾病逃避 137, 142
疾病利得 62, 137
自閉症 38, 138, 154
自分がない 3
自問自答（カウンセラーによる） 59-61
社会化 98, 99, 109, 111
社会化理論 98
社会性 3, 4, 12, 13, 29, 89, 105, 109, 116, 128, 154
社会的ひきこもり 126
受容 19, 53-55, 57, 60, 64, 66, 93
受理面接 51, 115
純粋性 52
生涯学習 2, 154
自律訓練法 142, 154
人格化 88
神経症 15, 48, 84, 114-116, 135, 136
神経性無食欲症 137-139
神経性大食症（過食症） 137-139
信頼感 103
心理的距離 60, 75, 154
心理療法 20, 37, 45, 46, 48-51, 55, 68, 72, 82, 99, 110, 154

進路指導 5, 103, 104, 107
スクールカウンセラー（学校カウンセラー） 7, 9, 12, 16-20, 22, 27, 29, 30, 32, 36, 39, 40, 43, 50, 51, 54, 56, 66, 70, 112, 128, 145, 146
ストレス（ストレッサー） 100, 115, 141, 155
ストレス理論 82, 100
スーパーバイザー 34, 112
精神的な健康 28, 155
精神病 15, 48, 114, 115, 119, 133
精神病性うつ病 115, 135
性の同一性 103
生徒指導 5-7, 10-12, 30, 66, 68, 70
——教師 7, 9-13, 29, 36, 145, 146
青年期 57, 75-77, 83-85, 88-91, 98, 101, 102, 104, 107, 109, 113, 118, 121, 123, 132, 148, 155
——の危機 77, 78, 82, 94
——の自我発達上の危機状態 77-80, 82-88, 90-92, 94, 97, 98, 100, 105
性役割 104
積極的な態度 55
説得 49, 51, 56, 57
躁的防衛 125, 155
ソーシャルスキル 25, 155

[タ]
怠学 71, 116, 123, 127, 128
退行 63, 76, 132, 156
対人関係論 82, 89
第2次反抗期 119, 156
体罰 33
担任教師 9, 10, 13, 18, 29, 31, 36, 70
父親的存在 12, 145, 146
チームティーチング 2, 146,

156
chum（親友） 90, 91, 97
注意欠陥多動性障害 38, 156
中立的態度 55, 56
超自我（上位自我） 7, 125
直面（化） 61-63
治療構造 47, 156
抵抗 61, 62
適応 5, 10, 45, 52, 56, 64, 71, 77, 84, 86, 89, 90, 99, 100, 114, 128, 157
転移 59, 60
転換ヒステリー 135-137
同一化（同一視） 10, 30, 59, 60, 61, 103, 104, 157
登校刺激 125, 129
統合失調症 115, 130, 134
洞察 11, 48, 49, 60, 65, 136, 157
特別支援教育 22, 38, 157

[ナ]
二次性 126
日本型いじめ 119
new object 10
認知 94
認定カウンセラー 6, 159

[ハ]
破瓜型 134
箱庭（療法） 34, 142
母親的存在 145, 146
場面構成 47
ハロー効果 43
反社会的行動 67
万能感 69, 130, 157
非言語的行動 58, 59
非言語的交流 43, 44
非行 1, 19, 30, 69, 71, 114, 120, 122
非指示的カウンセリング 45, 46, 49, 51, 52, 54, 72
非社会的行動 67
秘密の厳守 28, 48, 66, 112,

157
病識　133
病態水準　37,48,157
開かれた学校　1,2,32,128,
　　145
フェティシズム　114,125
父性イメージ　6,7
父性原理　7,10,66
二つの世界理論　97,98
不登校（登校拒否）　1,19,
　　51,65,71,79,116,119,
　　121,124-129
　──のサイン　126
分離不安（説）　62,65,128,
　　158
防衛機制　100,132,158
保健室登校　128
母性イメージ　6,7
母性原理　7,66

[マ]
無条件の積極的関心　52
明確化　53,57,60-62,124,
　　136,141
妄想　134,135
モラトリアム　76,158
問題（異常）　50,51,106,113

[ヤ]
遊戯療法　34,129,142,158
養護教師　9,13,14,18,19,
　　29,36,42,70,128,145,
　　146
幼児期の親子関係のあり方
　　3,84,92,97-100
抑圧　132,142
横町の隠居　19

[ラ]
ライフイベント　82,83,92,
　　97,99,100
ラポール　129,136,141,158
リストカット　131
リーダーシップ　29-32,37,
　　108,149,159
了解可能　133,159
臨床心理学　31,69,107,110,
　　147,148,159
臨床心理士　1-3,6,12,18,
　　20,36,37,40,66,68,69,
　　107,128,145,147,159
レディネス　117,159
ロールプレイ（カウンセリン
　　グ）　11,67
ロールプレイング　22,160

付　録

クラスごとで平均値を算出し，その平均値から各生徒をとらえること

青年期の自我発達上の危機状態下位項目尺度（A水準）

下位尺度	項　目　内　容
決断力欠如	(1) 今，自分の将来の進路について決定を迫られても，何を基準として考えたらよいかわからない (5) これまで自分自身で将来や進路を決定した経験が少ないため，その決定を迫られると不安になる (13)＊今，将来の進路については，じっくり考えていてその決断ができる段階である (17)＊決断力があるため，今，何かの決定を迫られても混乱せず，決断できるだろう (21)＊大切な決断を迫られた場合，私はいつもじっくり考えたうえで，思い切りよく決断できる
同一性拡散	(7)＊他人から「仲間はずれにされている」と感じることはほとんどない (9) 私は，どのような職業にもつけるという気持ちになる時と何にもなれないのではないかという気持ちになる時がある (12) 私には，「理想の自分」がたくさんあって，どれが本当になりたい自分なのか，さっぱりわからない (19) 今，何かに迫いつめられているような感じをもっていて，自由に動けない気持ちである (20) 今の自分は本当の自分でないような気がする (23) 人といっしょにいて，たまらなく自分がいやになることがよくある
自己収縮	(15)＊私の生活は，いきいきしているように思う (27)＊私はこの社会では欠くことのできない貴重な存在だと思う (28)＊私は悪い友だちに左右されることなく，いつも正しい決定を下すことができる
自己開示対象の欠如	(3) うちとけて話ができる人は，私にはあまりないように思う (11) 私には，お互いに本当に理解し合える人はほとんどないと思う
実行力欠如	(4) 何でもものごとを始めるのがおっくう（めんどう）だ (8) やれる自信があっても，人から見られているとうまくできない (16) 今，1つのことに集中して打ち込むことができない
親とのアンビバレント感情	(6) 困っている時や悲しい時に，親に気持ちをわかってもらいたい反面，わかってもらえなくてもいいと思う (22) 親にもっと理解され，愛してもらいたい反面，理解してもらわなくてもよいという気持ちもある (26) うれしいこと，楽しいことは，まず親に報告したい気持もある反面，そのことを自分だけで大切にしたい気持ちがある

親からの独立と依存のアンビバレンス	(2)	何かに迷っている時，親に「これでいい」と聞きたい反面，聞かないで自分で解決したいと思う
	(10)	ひとりで決心がつきにくい時には，親の意見に従いたい反面，自分で決心したい気持ちもある
	(14)	親といると，いっしょにいるだけで何となく安心できる反面，自分をほうっておいてほしいという気持ちもある
	(18)	親の言うこと，考えていることは，正しいと信じられる反面，疑問も生じてくる

*項目は，方向を逆転して得点化した項目
「全くそのとおりである」の5点から「全然そうでない」の1点までの5件法で得点化

青年期の自我発達上の危機状態下位項目尺度（B水準）

下位尺度	項目内容
緊張とその状況の回避	(7) ときどき，たまらなく家出したくなる (16) いつも緊張してイライラしている (18) 死にたいという気持ちが生じることがよくある (24) 何か恐ろしい考えがいつも頭に浮かぶ (28) 毎日のように私をおびやかすようなことが起こる (31) 両親や家族は，必要以上に私の欠点をとがめる
精神衰弱	(2) 何かにつけてよく心配する (8) すぐ感情を傷つけられやすい (10)＊憂うつになることはめったにない (19) ときどき，頭に浮かんでくるつまらない考えに何日も悩まされる
身体的痛み	(5)＊心臓や胸の苦しみを感じることはほとんどない (29)＊体のどこかが痛むようなことはほとんどない
まれな体験や精神・身体的反応	(20) 非常に不思議な経験（例えば霊を見たとか，神の声を聞いたなど）をしたことがある (22) 最近，あまり食べなくても空腹を感じない (26) 何を食べてもおいしくない (32) 恐い夢で目をさますことがよくある
閉じこもり	(9)＊学校へ行きたくない気持ちが生じることはあまりない (12) 他の人が，私の考えをすべてわかっているにちがいないと思うときがある (17)＊学校はおもしろいので家にばかりいたくない
身体的疲労感	(1) 最近，朝が起きにくく遅刻したり欠席することがよくある (13) 疲れやすいほうである (21) いつも体中が疲れているような気がする
対人的過敏性	(3) 外に出ると（バスや店などで），人から見られているのが気になる (15)＊人からからかわれても平気です

＊項目は，方向を逆転して得点化した項目
「あてはまる」を3点，「どちらともいえない」を2点，「あてはまらない」を1点として得点化
この尺度は，千葉テストセンター（東京都杉並区下井草4の26の4，TEL03-3399-0194）で発売されている。

付　録

受理面接記録

受付No.	―

本人氏名		男・女	保護者	
生年月日	昭平　　年　　月　　日生（　　）歳			
現住所 （連絡先）	〒 　　　　　　　　　　　　電話（　　）　―			

受付日	年　　月　　日　　自主来談・呼び出し面接	
終了日	年　　月　　日	結果
インテイカー		
面接担当者		

1

家 庭 構 造

家族構成	父 ┐ 　　├ 本人 母 ┘ 同居している祖父母の有無	血族結婚
		今の経済力

養育者	父 （　才）	職　業	会社員・公務員・自営など　　　　　　　　（父死亡　　才）
		性　格	
		しつけ	普通・厳格・支配・拒否・過保護・不安定・矛盾・暴力（幼児期）
	母 （　才）	職　業	専業主婦・キャリアウーマンなど　　　　　　（母死亡　　才）
		性　格	
		しつけ	普通・厳格・支配・拒否・過保護・不安定・矛盾・暴力（幼児期）
	（　才）	職　業	
		性　格	
		しつけ	
同胞	（きょうだいとの関係）		
家庭内問題	家族型	父権・母権・民主的・統合・不統合・偽似統合・未成熟（現在）	
	問題点：	家族のまとまりの程度と家族が心の支えになっているかどうか	

相談内容　　　　　2

主な問題	クライエント〔　　　　　　〕
	（初発時をくわしく） ライフイベント有無
相談・治療経験	以前に相談経験はないか
紹介者	
来談への反応	自発的・反発・拒否・依存

③ 生　育　歴

胎児期	母親の栄養	良・不良	病　気		流　産	回
	妊娠への反応など：				望まれた子	

新生児期	分　娩：早　産（　　　カ月）・安　産・難　産（人工分娩　　　　　）・仮　死
	体　重：　　　　　　　　　母親の年令　　　才
	問題点：　　　　　　　　　　　　　　　　　　　　　　　　　　双生児
	上記は重篤な場合のみ聞く

乳幼児期	栄　養：母乳・人工・混合　　　　離　乳：
	生　歯：　　　　　　　　　　　　発　語：
	初　歩：　　　　　　　　　　　　排　泄：
	習　癖　夜尿・ねぼけ・チック・偏食・指しゃぶり・爪かみ・吃音
	病気その他：
	第1次反抗期の有無
	登園状況：
	しつけ：保護，過保護，過干渉，厳格，放任，きまぐれ，暴力，甘やかし，支配

小学校時	出　欠：　　　　　　　　　　　　転　校：
	成　績：
	交友・遊び：とくに親友の有無
	病気・習癖：　　　　　　　　　　初　潮：
	問題点：とくに親子関係と交友関係上の問題

付録

④

中学校時	年在学中・卒業	クラブ活動
	出　欠： 　　　　　　　　　　　　　　　　転校：	
	成　績：	
	交　友：自己開示対象の有無	
	趣　味：	
	病　気： 　　　　　　　　　　　　　　　　　　　　　　　初潮：	
	問題点：青年期の自我発達上の危機状態の有無 反抗期：有無	
高校時	高　校　　　　年在学中・休学・留年・卒業　　希望した高校かどうか	
	出　欠： 　　　　　　　　　　　　　進路のめど：	
	成　績：	
	交　友：自己開示対象の有無	
	趣　味： 　　　　　　　　　　　　　　　　　　　　　　クラブ：	
	病　気：	
	問題点：青年期の自我発達上の危機状態の有無 	
	浪人中　　予備校	

5

大学・職場・結婚生活	大学　　　　　学部　　　年次在学・卒業　　専攻： 　　　　　短大　　　　　学科　　　年次在学・卒業　　希望した大学・短大かどうか	
	勤務先：　　　　　　　　　　　　　　　役　職： 転　職：　　　　　　　　　　　　　　　満足度：	
	結　婚：本人（　　）歳・配偶者（　　）歳　　見合・恋愛・離婚・再婚 性生活：	
	問題点：自我同一性の確立の程度，及び異性との親密さの程度	
	生育歴・生活史上の問題点のまとめ：発達上においてどこにつまづきがあるか	

本人の特徴

幼児期の特徴	人みしり　内べんけい　泣き虫　カンが強い　かんしゃく　神経質　すなお　病弱　夜泣き 攻撃的　リーダー的　わがまま　頑固
パーソナリティ特徴	H：わがまま・派手好み・自己顕示・大げさ・好悪顕著 N：内気・過敏・とりこしくろう・遠慮 Z：きちょうめん・熱心・徹底的・ゆうずうがきかぬ・責任感 E：しつこい・頑固・かんしゃく・整頓癖 C：陽気・社交的・世話好き・気分の周期がある S：無口・非社交的・気むづかしい・とりつきにくい・超然
	対人関係：広い・狭い　深い・浅い　社会性の程度（自己表現力・自己抑制力の程度） 趣　味：
遊戯・面接の態度	協力　誇張　遠慮　不遠慮　攻撃　不平　依存　冷淡　流涙　言動抑制　臆病　回避 まわりくどい　しつこい　落着かぬ　知能低い　明　暗 今後，面接・遊戯をしてラポールが成立するかどうか
問題への態度	誇張　疾病利得　苦悩　羞恥　無関心 問題意識（病識）：無　　有　　不明 面接意欲：有　　無　　希薄　　不定
問題の理解	（自分の問題の背景や構造についての理解の程度）自己内省力の程度

注：できれば本人の陳述内容と保護者による本人に関する陳述内容とを分けたほうがよい。

7 保護者〔　　〕の特徴

保護者の期待	（来談の動機など）何をどうしたいのか 家族の協力：
面接中の態度	協力　誇張　遠慮　不遠慮　攻撃　不平　依存　冷淡　流涙　言動抑制　臆病 まわりくどい　しつこい　落着かぬ　知能低い　明　暗 　　　　　　　　　　　　　　　　今後，面接をしてラポールが成立するかどうか
保護者の性格特徴	H：わがまま・派手好み・自己顕示・大げさ・好悪顕著 N：内気・過敏・とりこしくろう・遠慮 Z：きちょうめん・熱心・徹底的・ゆうずうきかぬ・責任感 E：しつこい・頑固・かんしゃく・整頓癖 C：陽気・社交的・世話好き・気分の周期がある S：無口・非社交的・気むづかしい・とりつきにくい・超然 保護者の相談相手の有無：
保護者の問題点	子どもの問題の受けとめかた： 子どもの問題についての理解の程度： 自己内省力の程度：子どもの問題を他者のせいにしていないか

1〜7までのインテイカーのまとめ

不適応の問題点	(本人に関するインテイカーのコメント) ○自我の強さの程度（とくに現実吟味能力の程度） ○環境的要因の影響（家族・友人・学校・教師など）
	本人に関する心理診断：
ま と め	〔今後の方針〕　本人中心の改善か，親や教師を改善するか 本人中心の場合（支える，洞察，表現，訓練） 親の改善の場合（養育態度について改善）
	遊戯内容及び心理テスト
	方針　□ 受理面接のみ　　□ 他へ紹介〔　　　　　　　　〕 □ 継続面接　　　　　　〔　　　　　　　　　　　　〕 □ 集団心理療法　　□ 遊戯療法　　□ 保護者面接
担当者	本　人
	保護者

長 尾　博（ながお　ひろし）

略　歴
1951年生まれ
1976年　九州大学教育学部卒業
1978年　九州大学大学院教育学研究科修士課程修了
1981年　九州大学大学院教育学研究科博士課程中退
1984年　九州大学教育学部助手
現　在　活水女子大学文学部人間関係学科教授
　　　　臨床心理学，青年心理学，精神医学専攻，医学博士

主　著
『青年期の自我発達上の危機状態に関する研究』（ナカニシヤ出版）
『現代臨床心理学講座』（ナカニシヤ出版）
『図表で学ぶアルコール依存症』（星和書店）
『図表で学ぶ精神保健』（培風館）
『やさしく学ぶカウンセリング』（金子書房）
『心理（精神）療法ワークブック』（誠信書房）など．

三訂版　学校カウンセリング
―新しい学校教育にむけて―

1991年2月20日　初　版第1刷発行
2000年1月10日　第2版第1刷発行
2012年3月30日　第3版第2刷発行

定価はカバーに
表示してあります

著　者　長尾　博
発行者　中西健夫
発行所　株式会社　ナカニシヤ出版
〒606-8161　京都市左京区一乗寺木ノ本町15番地
TEL　　 075-723-0111
FAX　　 075-723-0096
URL　　http://www.nakanishiya.co.jp/
e-mail　iihon-ippai@nakanishiya.co.jp
郵便振替　01030-0-13128

印刷・創栄図書印刷／製本・兼文堂
Copyright © 2010 by H. Nagao
Printed in Japan
ISBN 978-4-7795-0428-0　C3011

◎本書のコピー，スキャン，デジタル化等の無断複製は著作権法上での例外を除き禁じられています。本書を代行業者等の第三者に依頼してスキャンやデジタル化することはたとえ個人や家庭内での利用であっても著作権法上認められておりません。

学校に生かすカウンセリング
[第2版]
学びの関係調整とその援助

渡辺三枝子・橋本幸晴・内田雅顕 編

いまや教師に不可欠とされるカウンセリング能力。本書では，なぜ，今，教師にカウンセリング能力が求められるのかという背景から，カウンセリング能力の児童・生徒との関係のなかにおける生かし方まで，具体的な事例をもとに解説しています。

A5判 248頁 2310円

学校カウンセリングの理論と実践

佐藤修策 監修／相馬誠一 編

不登校から軽い障害をもつ子どもまで学校における心理臨床学的支援の実際と，ナラティブ・セラピーやピア・サポートなど開発的支援の実際を解説し，学校で必要とされる心理臨床学的支援のエッセンスを特別支援教育との関連も含めコンパクトにまとめる。

B5判 152頁 2625円

子どもと教師のための教育コラボレーションII
学校カウンセリング
問題解決のための校内支援体制とフォーミュレーション

田上不二夫 監修／中村恵子 編著

カウンセラーの視点から学校教育環境や援助システムのあり方を提言するシリーズ。第II巻では日本の学校カウンセリングの歴史，スクールカウンセラーと教師の協同や教育関係者それぞれの専門性，学校環境のあり方などを詳しく解説し，適応援助の公式化を目指す。

B5判 92頁 1575円

学校での効果的な援助を目指して
学校心理学の最前線

石隈利紀・水野治久 編

学校生活すべてを視野に入れた先行研究のレビューと具体的な実践をもとに，苦戦する子どもの発見や援助ニーズの高い子どもへの援助はもちろん，すべての子どもに対するチーム援助，またそのシステムを解説する。

B5判 232頁 3360円

スクールカウンセリングと発達支援

宮川充司・津村俊充・中西由里・大野木裕明 編

スクールカウンセリングの概念やスキルのみならず，不登校やひきこもりはもちろん発達障害・精神病理など発達支援に欠かせない，発達と臨床に関する内容を詳しく解説。学校心理士・臨床心理士・臨床発達心理士およびそれを目指す学生必読。

A5判 228頁 2520円

子どもの問題を解決するための
教師へのコンサルテーションに関する研究

小林朋子 著

生徒への関わり方のアドバイスや関係間の調整など，教師を支援し，解決に至るように補佐するコンサルテーション。どんな具体的スキルが必要か？ 理論的検討はもちろん，教師の視点・評価も取り入れながら，目指すべき姿を探る。

A5判 234頁 6195円

表示の価格は税込価格です（2010年3月現在）